우리는 왜
사랑할수록
함부로 말할까

지은이 **앨런 E. 프루제티**

미국 네바다주립대학교 리노캠퍼스 명예 교수이자 변증법적 행동치료(DBT) 연구자이다. 브라운대학교에서 학사 과정을 수료하고 워싱턴대학교에서 박사 학위를 받았다. 미국과 세계 각지에서 DBT 연구에 관해 교육과 지도, 상담을 하고 있다. 커플과 가족 관계에서 나타나는 심각한 정신병리학적 행동 문제 유형과 이러한 문제에 대한 효과적 치료법 개발 및 평가가 주요 연구 분야이다. 특히 일반적으로는 개인 치료에 초점을 두는 DBT를 커플과 가족 등으로 대상을 확장하여, 해당 프로그램의 응용 방식 개발과 평가, 교육에 힘을 쏟고 있다. 자신의 연구가 실질적으로 많은 연인들에게 활용되기를 바라는 마음으로 이 책을 썼다. DBT의 핵심 원리를 바탕으로, 연인관계에서 감정을 다루고 소통하는 구체적인 방법을 제시하며 서로의 마음을 더 깊이 이해하고 존중하는 데 도움이 되는 실질적인 심리 도구들을 담았다.

THE HIGH-CONFLICT COUPLE
: A Dialectical Behavior Therapy Guide to Finding Peace, Intimacy, and Validation

Copyright © 2006 by Alan E. Fruzzetti
Korean Translation Copyright © 2025 by Bookie Publishing House
Korean edition is published by arrangement with New Harbinger Publications, Inc. through Duran Kim Agency.
All rights reserved.

이 책의 한국어판 저작권은 듀란킴 에이전시를 통한 New Harbinger Publications, Inc와의 독점계약으로 부키에 있습니다.
저작권법에 의하여 한국 내에서 보호를 받는 저작물이므로 무단전재와 무단복제를 금합니다.

우리는 왜 사랑할수록 함부로 말할까

앨런 E. 프루제티 지음

최다인 옮김

화내고
뒤돌아서면
후회하는

연인들을 위한
감정 조절 심리학

부·키

옮긴이 **최다인**

연세대학교 영문학과를 졸업하고 7년간 UI 디자이너로 일하다 글밥 아카데미를 수료한 후 바른번역 소속 번역가로 활동 중이다. 옮긴 책으로는 《필로소피 랩》 《최소한 그러나 더 나은》 《세계의 기호와 상징 사전》 《나는 왜 사랑할수록 불안해질까》 《애착 워크북》 《부모의 말, 아이의 뇌》 《관계 면역력을 키우는 어른의 소통법》 등이 있다.

우리는 왜 사랑할수록 함부로 말할까

초판 1쇄 발행 2025년 12월 18일

지은이 · 앨런 E. 프루제티
옮긴이 · 최다인
발행인 · 박윤우
편집 · 김유진 박영서 박혜민 백은영 성한경 유소영 장미숙
마케팅 · 박서연 정미진 정시원 조아현 함석영
디자인 · 박아형 이세연
경영지원 · 이지영 주진호
발행처 · 부키(주)
출판신고 · 2012년 9월 27일
주소 · 서울시 마포구 양화로 125 경남관광빌딩 7층
전화 · 02-325-0846 | 팩스 · 02-325-0841
이메일 · webmaster@bookie.co.kr
ISBN · 979-11-7578-000-2 03180

※ 잘못된 책은 구입하신 서점에서 바꿔드립니다.
만든 사람들 · 편집 박혜민 | 디자인 이세연

제 멘토이신
마샤 M. 리네한 Marsha M. Linehan 박사님과
고故 닐 S. 제이컵슨 Neil S. Jacobson 박사님께

차례

수업을 시작하며　　감정을 조절하지 못하는 연인들 9

· 나는 감정적인 사람일까
· 극단적 감정이 관계에 미치는 영향
· 건강한 관계로 나아가는 첫걸음

첫 번째 수업　　우리는 왜 이렇게 자주 싸울까? 31

· 한쪽만 잘못하는 경우는 없다
· 나 자신을 먼저 이해하기
· 상대방을 있는 그대로 바라보기

두 번째 수업　　감정을 조절해야 관계를 지킨다 55

· 전념하면 통제력이 높아진다
· 자신이 폭발하는 지점 예측하기
· 충동적인 욕구를 다스리는 방법

세 번째 수업　　함께 있지만 혼자라고 느낄 때 73

· 지나간 일은 지나간 대로
· 함께 있는 시간이 즐거워지는 방법

네 번째 수업　　서로를 오해하지 않는 말하기 97

· 솔직한 대화를 위한 준비 단계
· '부정확한' 표현을 찾아라
· 오해를 줄이는 실전 대화법

다섯 번째 수업   이해받고 싶은 마음은 욕심이 아니다   131

- 타당화란 무엇인가
- 어디까지 이해하고 어떻게 받아들여야 할까

여섯 번째 수업   말과 행동에서 마음이 드러난다   151

- 이해했음을 말로 표현하는 방법
- 한 번의 행동이 필요한 순간

일곱 번째 수업   언제나 너그러움을 유지하라   177

- 나 자신을 사랑하는 연습
- 상대를 무작정 부인하지 않기
- 사과에 늦은 때란 없다

여덟 번째 수업   같은 이유로 계속 싸울 때는 어떻게 해야 할까?   203

- 문제는 원래 쉽게 해결되지 않는다
- 문제를 제대로 파악하라
- 문제 해결을 위한 다양한 시도들

아홉 번째 수업　　**해결책이 없는 문제를 해결하는 방법** 229

- 상대를 지나치게 바꾸려고 하면 안 된다
- 변화 대신 수용을 택하기

열 번째 수업　　**시들해진 우리 관계도 되살릴 수 있다** 253

- 물리적으로 함께하는 활동 늘리기
- 따로 또 같이의 가치
- 무조건적인 사랑의 힘
- 이제 다시 사랑할 시간

감사의 말 271
미주 274
참고문헌 277

수업을 시작하며

감정을 조절하지
못하는 연인들

왜 우리는 사랑하는 사람에게 심한 말을 내뱉을까요? 연인과 별것 아닌 문제를 상의하려다가 결국 서로 악을 쓰게 되는 이유는 뭘까요? 다시는 안 그러기로 다짐해 놓고 또 벌컥 화를 내고 마는 이유는? 서로 사랑하면서도 관계에서 극심한 불안을 느끼거나, 꼭 나눠야 할 대화를 회피하게 되는 건 왜일까요? 대체 어떻게 해야 끝없이 반복되는 갈등에서 벗어나 부정적인 감정과 충동을 다스리고, 나아가 서로 이해하고 수용하며 타협과 친밀감을 끌어내는 대화를 할 수 있을까요? 이런 질문들이 바로 이 책에서 다룰 내용입니다.

심하게 다투고 나서 조금만 지나도 우리는 깨닫습니다. 자기가 내뱉은 말 탓에 상황이 더 나빠져서 원하는 결과를 얻기 어려워졌음을요. 이미 한 말이나 행동은 주워 담을 수 없고, 싸울 당시에는 그 말이 진심이었을지도 모릅니다. 하지만 흥분이 가라앉고 나면 죄책감과 후회, 쓰라림과 슬픔이 밀려들죠. 먼저 사과해서 갈등을 해결하더라도, 비슷한 다툼이 거듭 반복될 가능성이 큽니다. 이런 파괴적 갈등은 관계를 해치고, 그 결과 양쪽 다 괴로워질 뿐입니다.

이 책에서는 부정적인 감정이 일어나 극도로 흥분해서 감정을 조절하지 못하는 상태, 즉 '감정 조절곤란emotion dysregulation'이 연인 간 갈등의 핵심 원인이라고 봅니다. 그렇기에 감정을 적절히 조절해서 효과적으로 대화하는 구체적인 기술(정확히 표현한 다음 이해하고 인정하기)을 배울 필요가 있죠. 충분한 연습을 거치고 나면 친밀하고 다정하며 평화롭게 서로 지지하는 관계가 되고, 두 사람은 갈등에서 벗어나 기쁨을 누릴 수 있게 됩니다.

나는 감정적인 사람일까

감정이란 흔히 생각하는 것보다 훨씬 복잡합니다. 그 이유 중 하나는 우리가 감정을 말하는 방식과도 관련이 있습니다. 사람들은 감정을 하나의 명사로 생각하며, 자신의 의도와 상관없이 맞닥뜨리게 되는 상황으로 여기는 경향이 있죠. 하지만 사실 감정은 걷기나 말하기처럼 우리가 능동적으로 수행하는 과정이며, 자기 내면뿐 아니라 타인에게도 영향을 미칩니다.

감정에 비해 '생각하기'는 자기가 하는 행위라고 쉽게 인식

됩니다. 그렇기에 생각이 떠올랐다는 표현을 쓸 때 우리는 그게 긴 사고 과정 속의 짧은 순간, 한 조각에 불과하다는 사실을 인지합니다. 감정도 같은 방식으로 인식할 수 있습니다. 긴 과정 속 한 순간으로요. 하지만 아쉽게도 감정을 느끼는 과정이나 체계 전체를 가리키는 데 알맞은 단어는 존재하지 않습니다.

감정이 작동하는 방식

우리의 감정 체계는 수많은 요소로 구성됩니다. 우리 주변에서는 한시도 쉬지 않고 사건이 일어나죠. 사물과 사람들로 이루어진 세계에는 시각과 청각을 비롯한 갖가지 자극이 넘쳐납니다. 기억, 상상, 생각, 감각처럼 우리 내부에서도 많은 일이 일어나죠. 이 모든 경험과 더불어 주의력, 감각, 인식 체계(현재 상황을 파악하는 능력)는 감정에 직접적으로 영향을 미칩니다. 신경과학이 급속도로 발전하면서 감정은 뇌에서 일어나는 여러 생물학적, 생화학적 과정에도 좌우된다는 사실이 밝혀졌죠.

심지어 우리가 얼마나 자기 감정을 인지하고 있는지, 감정에 어떤 이름을 붙이는지(그리고 그 이름이 얼마나 정확한지), 감정을 어떻게 표현하는지 역시 감정 변화에 막대한 영향을 줍니다. 그리고 마지막으로 타인, 특히 가까운 사람이 보이는 반응은 감정이 흘러가는 방향을 크게 바꿔 놓습니다. 내 경험을 이해하고 수용하는 반응은 바짝 곤두선 신경을 다독여 주지만, 비판하거나 부정하는 반응은 마음에 난 상처에 소금을 뿌리는 것과 다를 바 없죠.

감정 조절곤란과 통제 불능

흥분된 감정은 생각이나 행동 등에 직접적인 영향을 미칩니다. 그러므로 감정을 조절하고 관리한다는 것은 곧 생각과 행동을 조절해서 인간관계나 직장생활 같은 삶의 다양한 활동을 효율적으로 헤쳐 나간다는 뜻이기도 하죠. 적당한 스트레스와 자극을 받으면 기민해지고 집중력이 높아져서, 통제력은 물론 모든 종류의 수행 능력이 좋아진다는 사실은 거의 백 년 전에 이미 밝혀졌습니다.[1] 하지만 스트레스와 흥분이 적정선을 넘어서면 통제력과 수행 능력이 떨어지기 시작합니다.[2] 더 나아가 흥분이 극도로 높아지면 사람은 오로지 부정적이고 괴로운 감정에서 탈출하는 데만 초점을 맞추게 되죠. 이런 과정은 오랜 시간에 걸쳐 서서히 이루어질 수도, 순식간에 일어날 수도 있습니다.

일단 이렇게 탈출에 초점이 맞춰지면 우리는 자신이 '통제를 벗어났다'고 느끼게 됩니다. 이건 비난하는 말이 아닙니다. 통제를 벗어났다는 표현은 차분하게 생각하거나 행동하지 못하는, 지극히 자연스러운 상태를 가리킬 뿐입니다. 부정적인 긴장감과 흥분에서 벗어나겠다는 눈앞의 목표에 골몰하느라 멀리 보지 못하게 된다는 뜻이죠. 이렇게 탈출에만 온통 관심이 쏠리면 감정을 조절하기 어려워집니다. 조절곤란 상태에 빠진 감정은 상황 인식을 비롯한 자기 통제 능력을 발휘하지 못하게 가로막습니다.[3]

따라서 감정 조절곤란은 단순히 기분이 상한 것과는 다릅니다. 화가 난 상태에서도 더 나은 관계와 삶이라는 목표를 기억하고, 적절한 결정을 내리거나 섣부른 말을 삼가는 등 어느 정도 '자제력'은 발휘할 수 있어야 합니다. 하지만 감정 조절곤란 상태가 되면 단순히 불쾌하거나 끔찍한 상태에서 벗어나려고만 하면서 상대방에게 상처를 주고, 갈등을 키우고, 장기적인 관점에서 상황을 악화하는 행동을 하기 쉽습니다.

실제로 이런 조절곤란 또는 통제 불능에 빠진 행동은 생각보다 자주 나타납니다. 마약 사용이나 공격성 표출처럼 극히 해로운 행위부터 심한 말을 하거나 불편한 상황을 회피하는 등 비교적 수위가 낮은 행동까지 양상도 다양합니다. 예를 들어 연인에게 신랄한 잔소리를 들으면 감정이 격앙됩니다. 그러면 그 잔소리꾼이 사실은 내가 사랑하는 사람, 나를 사랑해 주는 사람임을 잊어버리기 쉽죠. 예상치 못하게 상황이 나빠질 때도 있고 이렇게 될 게 뻔히 보일 때도 있지만, 결국에는 균형 잡힌 관점을 유지하지 못하고 심술궂거나 치사한 말로 맞받아치게 됩니다.

여기서 핵심은 비판에 비판으로 맞서는 것이 불합리하거나 불공평하다는 게 아닙니다. 오히려 공평할 수도 있죠. 다만 문제는 상황과 관계 자체가 더 나빠진다는 데 있습니다. 다른 방식으로 반응했다면 각자의 기분도, 두 사람 사이도 나아졌을 겁니다.

여기서 이런 생각이 들지도 모릅니다. "그러면 저에게 상처를 줘도 당하고만 있어야 한다고요?" 아주 좋은 질문이며, 대답은 "아니요"입니다. 그냥 당하면서 참는 것도, 서로 물어뜯는 것도 아닌 제3의 길, 즉 중도가 있거든요. 자존감을 내려놓지 않고도 갈등을 누그러뜨리는 방식으로 반응해서 악순환을 깨뜨리는 방법입니다. 그러려면 우선 시비를 걸거나 못되게 구는 상대방에게 맞대응해서 일촉즉발의 상황을 초래하는 나의 문제부터 살펴봐야 합니다.

부정적인 감정에 취약한 사람의 특징

부정적인 감정과 그에 따르는 조절곤란에 쉽게 휘둘리는 사람에게는 다양한 원인이 있습니다. 여기에는 인간관계 문제와 사랑하는 사람(또는 기타 타인)의 언행에 얼마나 '민감'한지, 스트레스가 심하거나 부정적인 사건을 인지했을 때 얼마나 크게 '반응'하는지, 정상적인 감정 상태, 즉 '평정심에 이르는 시간'이 어느 정도인지가 포함됩니다.[4] 즉, 감정 민감성과 반응성이 높고 평정심을 되찾는 데 오래 걸리는 사람은 감정 취약성이 높다고 할 수 있습니다.

↳ 민감성

청각이나 미각이 예민한 사람이 있듯, 남들보다 감정에 민감한 사람도 있습니다. 감정 민감성이 높은 사람은 덜 민감한 사람의 감정을 본인보다 먼저 알아차리기도 하죠. 이런 차이를 서로 인정하지 않으면 대화가 삐그덕거리기 쉽습니다. 감정 민감성이 높은 사람은 타인의 기분이나 반응을 본능적으로 눈치챕니다. 반면, 민감성이 낮은 사람은 종종 타인의 감정을 이해하는 데 애를 먹습니다. 이런 사람에게 공감과 같은 반응을 얻으려면 훨씬 자세한 설명과 직설적이고 구체적인 요청이 필요하죠. 그래서 민감성이 낮은 사람을 연인으로 둔 사람은 이해받지 못한다고 느끼거나, 심지어 상대방이 자신에게 관심이 없다고 (근거 있는) 오해를 하기도 합니다.

더욱 까다로운 것은 사람마다 민감하게 반응하는 주제나 상황이 다를 수 있다는 점입니다. 감정 민감성의 전반적인 차이는 대개 성장 과정에서 생겨납니다. 타고난 기본 성향과 더불어 어린 시절 부모님이 갈등 상황에 대처했던 방식에 따라 달라진다는 뜻이죠. 하지만 특정 인간관계에서 구체적인 민감성이 형성되기도 합니다. 이를테면 한쪽 또는 양쪽이 민감하게 여기는 주제로 반복해서 싸우는 연인들이 많죠. 어느 한쪽이 지난번 연애의 상처, 아니면 지금 관계에서 몇 년이나 지난 일로 민감성이 높아진 상태일 겁니다. 상대방의 이런 민감성을 파악하고, 자신의 민감성을 높이거나 낮추려는 노력을 더하면 대화가 한결 원활해집니다. 이에 관해서는 이어지는 수업들에서 더 자세히 다룰 예정입니다.

↳ 반응성

민감성과 상관없이 감정을 건드리는 사건이 일어나면 사람은 크든 작든 반응을 보이게 됩니다. 큰 반응은 대개 소리가 크고 신속하며, 격렬한 표현과 강한 감정적 동요를 동반합니다. 그러므로 반응이 큰 사람(높은 반응성)은 감정을 명확히 전달할 수 있지만, 동시에 상황을 제대로 파악하기도 전에 무작정 반응해서 화를 내 버리기 쉽습니다. 이건 당연히 비생산적이죠.

반응성이 낮았더라면 이와는 달리 더 생산적으로 반응할 수 있었을 겁니다. 조용하고 느리며 표현이 격렬하지 않은 작은 반응은 전체 상황을 파악할 시간을 벌어 주니까요. 하지만 상황의 심각성이나 감정을 효과적으로 전달하기에는 부족해서 오해를 낳을 수 있죠. 그래서 반응성 조절(좀 더 강하고 빠르게, 또는 좀 더 부드럽고 느리게)은 이 책에서 다루는 감정 관리법에서 핵심적인 부분이기도 합니다.

↳ 평정심에 이르는 시간

우리에게는 각자 일종의 평정심, 즉 감정 기준선이 있습니다. 여기서 평정심이란 명확하고 의도적이며 효율적으로 생각하고 행동할 수 있을 만큼 잘 조절된 감정 상태를 가리킵니다. 감정선이 높아지면 아래로 다시 내려가는 데 시간이 걸리기 마련입니다. 불과 몇 초에서 몇 분 만에 빠르게 돌아가는 사람이 있는가 하면 수십 분에서 몇 시간까지 걸리는 사람도 있습니다. 부정적인 흥분 상태가 오래 유지되면 괴로울 뿐만 아니라 감정이 자극된 탓에 반응성이 높아지고 감정 조절이 어려워집니다. 각자 흥분을 가라앉히는 데 걸리는 시간을 미리 알아 두면 감정을 자극하는 주제로 대화를 나누기 전 머리를 식힐 휴식 시간을 정하는 데 도움이 됩니다.

극단적 감정이 관계에 미치는 영향

부정적인 감정은 직간접적으로 관계에 다양한 영향을 미칩니다. 기분이 상한 탓에 과민반응을 보이기도, 아니면 정작 필요할 때 뜨뜻미지근하게 반응하기도 하죠. 그러면 상대방은 이해나 위로, 애정을 표현하기가 어려워집니다. 반응의 기준으로 삼을 만한 정확한 정보가 부족하니까요. 그러면 우리의 반응에 기분이 상한 게 아니더라도(그럴 가능성은 별로 없지만) 다정하게 표현하기 힘들 수밖에 없습니다.

흥분하면 정확한 판단과 표현이 어려워진다

앞서 다뤘듯 우리는 몹시 흥분하면 장기적이고 균형 잡힌 관점을 유지하기 어려워지고, 합리적으로 사고하는 능력도 떨어집니다. 그래서 어쩔 줄 몰라 허둥지둥하거나 방어적으로 굴고, 부정적인 흥분 아래 숨은 진짜 감정이나 원하는 바를 제대로 꺼내 놓지 못하죠. 감정 취약성이 높은 사람은 상황이 벌어지자마자 별일이 아닌데도 흥분이 치솟습니다. 첫째로 평소든 특정 상황에서든 감정에 민감하고, 둘째로 반응이 크고, 셋째로 평정을 되찾는 데 시간이 걸리니까요.

일단 흥분하고 나면 사고력이 떨어지고, 효과적으로 대화하는 데 필요한 감정의 균형이 흐트러집니다. 또한, 흥분은 부정적이며 비판적인 생각을 부르고, 이런 생각은 다시 흥분에 기름을 붓습니다. 악순환의 완성이죠. 화가 나서 부정적인 생각을 잔뜩 하다 보면 자기가 진심으로 원하는 것(친밀감, 관심, 이해) 대신 모질고 고약한 말을 입에 담게 됩니다. 물론 이런 말은 상대에게 상처를 주고, 더 큰 오해를 부르며 갈등을 조장하고요.

예컨대 당신은 연인과 시간을 더 보내고 싶었지만, 오늘따라 그가(그녀가) 바쁜 바람에 실망했습니다. 이때 당신은 자신의 불쾌한 감정에만 주목합니다. 감정적으로 거리를 두거나 상대방을 밀어내 이 상황에서 벗어나는 데만 온통 관심이 쏠리죠. 그러다 보면 비판적 사고("저만 아는 인간 같으니")가 튀어나오고, 흥분은 한층 격해집니다. 실망감을 솔직히 드러내며 사실은 함께 오붓한 시간을 보내고 싶었다고 털어놓는(정확한 표현) 대신, 이기적이라고 상대를 비난하거나 아예 입을 다물고 짜증과 경멸의 눈빛으로 쳐다보게 되죠.

특정 상황을 스스로 어떻게 파악하고 이해하는지에 따라, 감정은 진정이 되기도 하고 더 큰 폭발을 부르는 촉매가 되기도 합니다.[5] 구체적으로 설명하자면, 상황이 마음에 들지 않더라도 감정을 온전히 받아들이면 대개 흥분이 점차 가라앉고 결국 평정심을 되찾게 된다는 뜻입니다. 반대로 상대방 잘못이라고 비난하거나 상황이 최악이라고 여기며 잘될 가망이 없다는 판단을 내리면 흥분이 유지되거나 오히려 높아지고, 더더욱 생각과 행동을 조절할 수 없게 됩니다.

즉, 현 상황에 대한 부정적인 평가와 판단, 표현이 흥분을 돋우고, 이 흥분이 다시 부정적인 사고와 비판을 불러일으키는 구조입니다. 하지만 다행인 것은 이런 상호작용 덕분에 우리가 두 가지 측면에서 효과적인 대안을 마련할 수 있다는 점입니다.

반복되는 다툼에는 패턴이 있다

시간이 지나면서 연인 사이에는 갈등이 있을 때 반복적으로 나타나는 상호작용 방식, 즉 패턴이 생겨납니다. 주제나 상황에 따라 조금씩 차이는 있지만 이런 패턴은 상당히 일관성 있게 유지됩니다. 여기서 '갈등'이란 단순히 의견이 일치하지 않는 상황을 포함하여 적어도 한쪽이 다른 한쪽에게 불만이 있거나, 협상 또는 동의가 필요한 상황을 아울러 가리킵니다.

↳ 건설적인 패턴

이 패턴이야말로 이 책의 목표입니다. 한쪽이 먼저 신경 쓰이는 문제를 적절한 시기에, 공격적이지 않고 상세하며 명확한 방식으로 얘기하죠. 그러면 다른 한쪽은 귀 기울여 듣고, 이해하려 노력하고, 그 내용에 동의하든 아니든 자신이 이해했음을 상대에게 알립니다. 이 방법을 활용하면 많은 문제가 해결될 뿐 아니라 서로에게 점점 더 나은 동반자가 되는 법을 배우게 됩니다. 물론 뾰족한 해결책이 없거나 양쪽이 합의에 이르지 못해서 문제가 해결되지 않을 때도 있습니다. 그렇더라도 이 패턴에서는 두 사람이 서로 다름을 받아들이고 문제를 보류한 다음(일시적으로라도) 그 외의 상황에서는 문제없이 지낼 수 있다는 점이 중요합니다. 실제로 갈등을 해결하려고 함께 노력하다 보면 연인들은 서로 더 깊이 이해하게 되어 사이가 한결 좋아지기도 하죠.

그러기 위해서는 두 사람 모두 감정을 조절할 줄 알아야 하며 자기 소망, 취향, 정서, 가치관, 좋고 싫음 등을 분명하게 파악해 둘 필요가 있습니다. 감정을 조절할 수 있어야 공격적이지 않은 태도로 자기 속마음을 정확하게 표현할 수 있고, 공감하고 인정하는 태도로 귀 기울이며 방어적이지 않게 반응할 수 있으니까요.

↳ 상호 회피 패턴

이 패턴을 보이는 연인들은 서로의 정서를 불안정하게 만듭니다. 다시 말해 한쪽이 기분이 나빠지면 다른 한쪽이 이를 눈치채고 자기도 부정적인 자극을 받는다는 뜻입니다. 상대의 격앙된 감정을 감지하면 조절곤란에 빠진 반응(비효율적이고, 상대를 무시하고, 화를 내는 등)을 예상해 각자 문제의 언급 자체를 회피하죠. 당연히 언급되지 않은 문제는 해결되지 않은 채 남습니다. 이렇게 대화를 피함으로써 두 사람이 안도감을 느끼면 회피 패턴은 쉽게 굳어집니다. 눈에 띄는 갈등(논쟁이나 싸움)은 줄어들겠지만, 친밀감도 점점 옅어지겠지요.

↳ 상호 파괴 패턴

이 패턴의 연인들은 상호 회피 패턴과 대조적으로 서로 사랑하는 사이임을 잊어버린 듯이 적개심을 드러냅니다. 상대방의 관점을 이해하지 못하고 말다툼이 절정에 달하면 둘 다 고약하게 굴죠. 나중에 평정심을 되찾고 나서야 자기 행동을 후회합니다. 게다가 다음에 또 갈등이 일어나면 자기 자신과 상대방이 어떻게 반응할지 두려워하는 마음에 오히려 반응성이 올라가서 갈등 상황에 더욱 취약해지고 맙니다.

중요한 것은 일이 꼭 이렇게 흘러갈 필요가 없음을 깨닫는 것입니다. 상호 파괴 패턴이라는 명칭은 이런 대화가 어떤 결과를 초래하는지 잘 보여 줍니다. 둘 중 한쪽만이라도 감정을 조절하며 비교적 차분하게 말을 꺼냈다면, 두 사람이 애초에 의도는 좋았으며 서로 믿고 사랑하는 사이임을 염두에 두었다면 상황은 달라졌겠지요. 하지만 갈등 상황에서 감정을 조절하는 능력이 없으면 문제는 쉽게 해결되지 않습니다. 한쪽(그리고 뒤이어 다른 한쪽도)이 점점 화가 나서 선을 넘는 행동을 하게 될 뿐이죠. 당연히 자기가 원하는 것을 정확히 표현하지도, 공감하는 태도로 귀 기울이지도 못하게 되고요. 이로 인한 피해가 사소할 때도 있지만, 엄청날 때도 있습니다.

↳ 불균형 패턴

다른 패턴과 달리 여기서는 두 사람 사이에 불균형이 발생합니다. 두 사람이 각자 다른 방향으로 움직이기 때문이죠. 갈등이 생기면 한쪽은 대화를 나누며 함께 있으려 합니다. 반면, 다른 한쪽은 최소한 그 순간에는 대화를 원치 않거나 차라리 혼자 있고 싶어 하죠. 애초에 각자의 의도는 효과적이고 생산적일 수도, 유해하거나 회피적일 수도 있습니다. 하지만 문제는 의도와 상관없이 결국 이 관계가 파국으로 이어진다는 점입니다.[6]

예를 들어 직장에서 힘든 하루를 보낸 샐리는 연인인 론과 얘기를 나누고 싶었습니다. 그래서 이렇게 운을 떼죠. "와, 오늘 일진 최악이었어!" 하지만 때마침 다른 일로 정신이 없었던 론은 대화와 감정적인 지지가 필요함을 눈치채지 못합니다. "자기, 왔어? 지금 인터넷 연결이 안 돼서 고쳐 보는 중인데…… 영 마음대로 안 되네." 론의 대답을 들은 샐리는 무시당했다고 느끼고 기분이 급격히 나빠집니다.

감정에 자극을 받은 샐리의 초점은 진짜 소망(자기 말을 들어 주고 공감해 주는 것)에서 부정적인 감정 자체로 넘어가 버립니다. 게다가 샐리는 직장에서 겪은 일로 민감해진(감정적으로 취약한) 상태죠. 그래서 짜증 섞인 투로 "아냐, 됐어"라고 말합니다. 아직 상황을 제대로 파악하지 못한 론은 "됐다"라는 말을 곧이곧대로 받아들이며 내심 안도합니다. 샐리가 짜증이 난 듯한데, 그럴 때 얘기가 길어지면 좋은 일이 별로 없거든요. 그래서 론은 명랑하게 "알았어"라고 대답하고 하던 일로 돌아갑니다.

다른 방으로 휙 들어간 샐리는 론이 관심을 갖지 않아서 더욱 안 좋아진 감정을 곱씹기 시작합니다. 갖가지 감정(회사에서 느낀 불만에 더해진 상처, 슬픔, 수치심, 분노), 부정적인 상황 판단(론은 솔직히 나한테 관심도 없어), 론을 향한 비판(항상 자기밖에 몰라), 자신을 향한 비판(내가 잘못했네. 신경 써 줄 거라고 기대한 내가 바보지) 이 점점 부글부글 끓어오르죠.

몇 분 뒤 한계에 달한 샐리는 론에게 "내가 왜 너를 만나는지 모르겠어!" 또는 "이러려고 나랑 만나?" 같은 말을 퍼붓습니다. 공격적인 말투에 방어 태세를 갖춘 론은(여기서 론의 감정도 격앙되죠) 이런 식으로 대응합니다. "이렇게 미친 사람처럼 구는데, 내가 너랑 말을 섞고 싶겠어? 그냥 컴퓨터 좀 손보고 있었을 뿐인데, 무슨 죄인 취급을 하면서 생사람을 잡아?" 결국 양쪽 다 상대방에게 실망하며, 민감성이 한층 높아진 채로 다음번 갈등을 맞이하게 되겠죠. 이 패턴은 다양한 모습으로 나타나지만 부정적인 감정을 중심으로 흘러가다 파국을 맞는다는 공통점이 있습니다.

건강한 관계로 나아가는 첫걸음

건강하고 친밀한 관계가 우리에게 좋은 영향을 준다는 것은 여러 연구에서 거듭 증명된 사실입니다.[7] 반대로 괴롭거나 갈등이 잦은 인간관계는 개인의 안녕에 나쁜 영향을 미치죠. 예컨대 연인 사이에서 행복 대신 괴로움을 느끼는 사람은 우울감에 빠질 가능성이 훨씬 큽니다.[8] 스트레스와 갈등이 심한 연인들은 약물 남용이나 불안 장애, 기타 건강 문제를 겪을 확률도 현저히 높습니다.[9] 더불어 그들이 부모가 되어서도 갈등이 심하면 자녀에게 해로운 영향을 미치기도 합니다.[10]

하지만 다행히도 갈등을 해결하고 관계를 개선하면 개인의 행복도와 건강도 유의미하게 개선된다는 사실이 연구를 통해 밝혀졌죠.[11] 자신을 솔직히 드러내 이해받고, 다정하고 친밀한 관계를 맺고, 연인과 함께 평온함을 누리는 것이 우리 영혼을 지키는 중요한 요소라는 뜻입니다.

이 책은 더 나은 방식으로 대화하고, 애정과 친밀감을 키우고, 문제를 해결하기 위해 효과적으로 감정을 다스리는 법을 알려 줍니다. 이 방법의 이론적 토대는 크게 두 가지입니다. 하나는 심각하고 광범위한 감정 조절곤란을 겪는 이들을 위해 마샤 리네한 박사Marsha M. Linehan*가 개발한 변증법적 행동치료(DBT),[12] 다른 하나는 저를 비롯한 커플 치료 분야 임상학자들이 개발한 커

---

* 미국 워싱턴대학교 심리학과 명예교수이자 동 대학의 행동 연구 및 치료 클리닉의 소장. 변증법적 행동치료의 창시자이며, 《타임》지 2018년 특별호에서 '위대한 과학자: 우리 세상을 바꾼 천재와 선구자'로 선정되기도 했다.

플 및 가족 상호작용 치료법[13]이죠.

이 책은 갈등이 극심하거나 너무 잦아서 걱정스러운 연인들, 이제 팔을 걷고 나서서 관계를 개선해야겠다고 마음먹은 분들을 위한 길잡이입니다. 겉으로는 별문제 없어 보여도 실은 갈등을 못 본 척하거나 갈등이 확대될 소지가 있는 상황 자체를 피하는 연인관계에도 큰 도움이 될 수 있죠. 하지만 한 가지는 짚고 넘어가야 합니다. 당신이 겪는 극심한 갈등에 신체적, 성적 공격성이나 폭력이 얽혀 있다면 이 책은 해결책이 될 수 없습니다.

본인이 연인에게 공격적이거나 폭력적으로 굴고 있다면 어떻게 해서든 반드시 그런 행동을 그만두어야 합니다. 전문가를 찾아가 상담받고, 자제력을 키우는 데 도움이 될 방법을 강구하세요. 반대로 상대방에게 신체적, 성적으로 공격받고 있다면 주변의 도움과 지원을 받아 신변 안전을 먼저 챙겨야 합니다. 신체적, 성적 폭력을 당해 마땅한 사람은 없다는 사실을 꼭 기억하세요.*

이 책에 나오는 개념과 방법은 도움을 주려는 의도로 만들어졌지만, 개개인의 경험과 민감성에 따라 일부 연습 과제와 대화 주제가 다소 껄끄럽게 느껴질지도 모릅니다. 그러니 두 사람 모두 노력하다가 불편함을 느끼더라도 받아들이고 자제심을 발휘

---

* 국내 가정폭력, 성폭력 상담 및 보호를 위한 긴급 전화번호는 1366이다.

하겠다는 마음가짐과 각오가 필요합니다. 그래야 이 책의 이점을 온전히 누릴 수 있으니까요.

이 책은 연인끼리 함께 읽으며 각 장에 나오는 기술을 같이 연습하는 것이 가장 바람직합니다. 하지만 상황이 허락지 않으면 혼자 읽어 나가도 어느 정도는 효과를 볼 수 있습니다. 각 장에서는 개선이 필요한 영역과 잘하고 있는 영역을 구분하는 단계별 지침과 연습 과제가 제공됩니다. 그중에는 혼자 할 수 있는 것도, 둘이 해야 하는 것도 있습니다.

그리고 이 책은 가급적 순서대로 읽는 편이 좋습니다. 읽어 나갈수록 정보와 기술이 차곡차곡 쌓이도록 배치되었기 때문이지요. 원한다면 건너뛰어도 되지만, 앞에 나오는 기술을 익혀 두면 뒷부분의 기술을 배우기가 더 쉬워지고 효과를 볼 확률도 올라갑니다. 중요한 것은 이 책이 서로를 이해하는 것뿐 아니라 꾸준한 연습을 위한 지침서라는 점입니다. 여러분이 얻을 혜택은 여기 나오는 다양한 과제와 기술을 얼마나 연습하느냐에 따라 달라집니다. 한꺼번에 읽어 나가도 괜찮지만, 되도록 다음으로 넘어가기 전에 그전 과제를 충분히 연습하세요. 각 장에 적어도 일주일 정도 들이기를 권합니다. 연습이 성과를 좌우하니까요!

첫 번째 수업

우리는 왜 이렇게
자주 싸울까?

연애는 종종 춤에 비유됩니다. 자기 스텝과 파트너의 스텝을 환히 아는 두 사람이 흐르는 음악에 몸을 맡기고 박자를 맞추면 마법이 일어나죠. 하지만 뭐 하나라도 삐끗하면 서로 발을 밟는 사태가 벌어지며, 춤 자체가 재미없어지고 맙니다. 그렇게 되면 다음 곡이 나와도 춤출 마음이 들지 않죠.

꼭 춤이 아니더라도 어떤 분야에서든 좋은 파트너가 되려면 연습과 기술이 필요합니다. 또한, 춤출 때와 같이 두 사람은 각자 자기 몫을 하는 개인인 동시에 한 팀이어야 합니다. 실제로 안정적인 연인 사이에서는 자의식을 내려놓고 같이 하는 활동에 집중하면서 즐거움을 느낄 수 있죠. 그 활동이 대화든, 산책이든, 성관계든 마찬가지입니다.

대체로 대화는 두 가지 핵심 역할로 이루어집니다. 한쪽은 말하고, 다른 한쪽은 귀 기울여 이해한 다음 반응하죠. 그리고 필요할 때마다 역할이 바뀝니다. 아주 쉬워 보이지만, 앞서 언급했듯 지극히 간단한 이 두 단계에 부정적인 감정이 끼어든다는 점이 문제입니다. 상대방의 말을 꼬아서 들은 다음 혼자 기분이 나빠지고, 그러니까 내가 심한 말로 받아치는 건 당연하다고 합리화하면 대화가 순식간에 산으로 가죠. 관계를 지혜롭게 끌고 가려면 나 자신과 상대방의 소망, 생각, 감각, 감정 등을 알아차리고 서로의 상호작용을 마음챙김할 줄 알아야 합니다.

 마음챙김이란 대개 자각을 뜻하며, 정확히는 내가 중요하게 여기는 것들에 관심을 쏟고 그 자각을 활용해서 자기 행동의 방향을 정하는 기술을 가리킵니다.[1] 이 장에서는 나 자신, 상대방, 두 사람의 상호작용이라는 세 가지 측면에서 마음챙김을 다룰 예정입니다. 우선 우리가 사랑하는 사람과 얼마나 깊이 연결되어 있는지부터 살펴보도록 하죠.

한쪽만 잘못하는 경우는 없다

 연인 사이에서 한쪽이 어떤 일을 겪으면 당연히 상대방과의 관계 자체에 영향을 미칩니다. 한 사람이 스트레스를 받으면 그 원인을 알든 모르든 다른 한쪽도 신경이 쓰이기 마련이죠. 이런 상호성이 있기에 완전히 혼자서 하는 행동이란 존재하지 않습니다. 내가 하는 행동은 상대에게, 상대가 하는 행동은 나에게 영향을 미치니까요. 합쳐서 생각하면 결국 내가 한 행동이 나에게 돌아온다는 말도 됩니다. 오랫동안 여러 철학자, 시인, 종교 지도자, 도인, 정치가, 스포츠광들이 애용한 격언을 봐도 알 수 있죠. "주는 만큼 받는다" "콩 심은 데 콩 난다" "베푸는 대로 돌아온다" "자업자득" 같은 표현에는 이런 진리가 고스란히 담겨 있습니다. 사랑하는 사이만큼 이런 말이 딱 들어맞는 경우도 없을 겁니다.

뿌린 대로 거둔다

우리는 사랑하는 사람과 아주 깊이 연결되어 있으므로 상대방을 푸대접하지 않는 게 당연합니다. 그러지 않으면 자기도 푸대접을 받을 테니까요. 이런 상호성을 '잊어버리거나' 혹은 애써 외면하는 게 아니라면 쌀쌀맞거나, 비판적이거나, 무시하는 태도로 상대를 대할 이유가 없는 셈이죠. 물론 앞서 다룬 대로 극도로 흥분하면 사고력과 기억력이 떨어지므로 갈등 상황에서 이를 깜박 잊는 것이 그리 이상하지는 않습니다.

먼저 현재 당신의 흥분도가 어느 정도인지 확인해 보세요. 낮거나 보통 정도라면 지금 내가 사랑하는 사람에게 어떤 감정을 느끼는지, 이 관계에 얼마큼 진심인지, 관계에서 바라는 바가 무엇인지 곰곰이 생각해 보세요. 다정한 관계를 유지하는 것이 목표라면 그 점을 마음에 새겨 둡니다. 이번에는 이렇게 자문해 보세요. 지난번에 사랑하는 사람에게 버럭 화를 내기 직전에 이런 애정 어린 마음과 소망을 떠올릴 수 있었다면 어떻게 됐을까요? 상대는 나와 서로 사랑하는 사이이고, 이 사람을 어떻게 대하는지에 따라 내가 원하는 관계가 가능해진다는 점을 기억했다면? 과연 말을 그렇게 함부로 할 수 있었을까요? 아마도 아니겠죠.

앞서 언급했던 샐리와 론의 이야기로 잠시 돌아가 봅시다. 론에게 소리 지르기 전에 샐리가 원래 바라던 바를 기억해 냈다면 어떻게 됐을까요? 공격적인 말은 샐리가 원했던 친밀감을 얻는 데 조금이라도 도움이 됐을까요? 자기 목표를 떠올렸다면 차마 론을 그렇게 몰아붙이지는 못했을 테죠. 반대 입장도 생각해 봅시다. 론이 사랑하는 여자 친구의 행복을 바라며 사이좋게 지내고 싶은 자기 마음을 떠올렸다면 어땠을까요? 아마 샐리의 욕구를 그리 쉽게 무시하지는 못했을 겁니다.

"뿌린 대로 거두는 법"이라는 단순한 진리를 잊지만 않으면 큰 변화를 일으킬 수 있습니다. 흥분 상태에서는 판단력과 기억력이 흐려지므로 이런 자각이 거의 자동으로 튀어나오게 하는 것이 중요합니다. 하지만 이런 종류의 마음챙김이 저절로 나오는 경지에 이르려면 상당한 연습이 필요하죠.

(**연습**)

1. 내 말투가 상대방의 말투에 어떤 영향을 미치는지 살펴보세요. 그리고 내 말투를 바꿔 가며 상대방의 말투가 어떻게 변하는지 귀 기울여 보세요. 상대에게 변화가 일어날 때까지 여러 번 시도해야 할 수도 있습니다.

2. 평소에 내가 상대방을 얼마나 사랑하는지, 이 관계를 얼마나 소중히 여기는지를 마음에 새기세요. 동지애, 친밀감, 지지, 이해 등 두 사람이 관계에서 원하는 목표도 찬찬히 생각해 보세요.

3. 두 사람은 같은 배에 탔고, 순풍도 풍랑도 함께 맞이해야 한다는 사실을 기억하세요. 두 사람은 끈끈하게 연결된 사이임을 매일 반복해서 떠올리세요. "그 사람이 행복하면 나도 행복하고, 그 사람이 불행하면 나도 불행해. 그 사람에게 관심을 쏟는 건 곧 나 자신을 보살피는 거야. 그 사람을 애정과 호의로 대하는 건 나한테 잘하는 거나 마찬가지야."

4. 내 기분이 주위 사람들에게 어떤 영향을 미치는지, 또 반대로 내가 남들에게 어떤 영향을 받는지 살펴보세요.

5 상대방에게 무슨 말을 건네기 전에, 심지어 상황이 나쁘지 않을 때도 이렇게 자문해 보세요. "이 말을 하면 분위기가 좋아질까, 나빠질까?" 아니면 이런 질문도 좋습니다. "장기적으로 볼 때 이 말은 내가 원하는 바를 이루는 데 도움이 될까?" 가능한 한 자주, 하루에도 몇 번씩 반복해서 연습합니다. 단순히 상황에 반응하기보다는 앞으로 나아갈 방향을 스스로 '선택'할 수 있다는 것이 얼마나 마음 든든한 일인지 곱씹어 보세요.

나 자신을
먼저 이해하기

이미 널리 알려진 수련법인 '마음챙김'은 의미도, 응용법도 다양합니다.[2] 이 책에서는 자기를 인식하고 관심 쏟을 곳을 스스로 정해서 감정과 행동을 다스리는 유형의 마음챙김을 집중적으로 살펴보겠습니다.

이성적이면서도 감정적인 인간

인간의 '이성'과 '감정'은 함께 작용할 때도 있고, 한쪽에 치우칠 때도 있습니다. 우리는 이 두 개의 자아를 동시에 자각하고 균형 있게 받아들일 때 훨씬 지혜롭게 행동할 수 있습니다. 이성과 감정은 크게 세 가지로 조합되어 나타날 수 있는데, 마샤 리네한 박사는 여기에 각각 "감정적 마음emotion mind" "이성적 마음reasonable mind" "현명한 마음wise mind"이라고 이름 붙였습니다.[3]

↳ 감정적 마음

감정은 세상을 살아가는 데 꼭 필요한 요소입니다. 어느 쪽으로 나아가야 하는지, 어떤 일이 얼마나 중요한지, 행동에 어떤 결과가 따를지 알려 주는 길잡이이기 때문이죠. 우리가 인간관계처럼 깊이 있고 복잡한 행위를 할 수 있는 것도 감정 덕분입니다. 감정이 없으면 뭔가를 즐기지도, 좋아하거나 싫어하지도, 소중히 여기지도, 사랑하지도 못합니다. 하지만 감정에만 치우쳐 논리나 이성에 신경 쓰지 않으면 위험해질 수도 있습니다. 감정적으로만 움직인다는 것은 특정 상황에서 결과에 아랑곳하지 않고 충동에 몸을 맡긴다는 뜻이니까요.

이것이 순수한 감정 자아, 즉 감정적 마음 상태입니다. 감정이 너무 앞서서 이성과의 균형이 깨지면 우리는 침착하게 행동하지 못하고 반사적으로 반응하며 눈앞의 쾌락을 채우는 데만 급급하게 되는 문제가 생겨납니다.

↳ 이성적 마음

물론 우리에게는 비판적 사고와 논리적 분석을 해내는 이성도 존재합니다. 이는 주로 간단한 규칙 형태로 나타나죠. 규칙이 없으면 난장판이 벌어집니다. 이성은 우리에게 운전할 때는 교통법규를 지켜야 하고, 출근하고, 운동하고, 세금을 내라고 알려 줍니다. 하지만 규칙과 논리만 내세우다 보면 그 안에 갇히기 쉽습니다. 이를테면 "나를 좋아해 주는 사람은 무조건 만나야 해"라든가 "게으른 사람이나 감기 따위로 결근하는 거야" 같은 잘못된 규칙에 매달리거나, 아니면 "나를 정말 사랑하는 사람이라면 내가 아무 말 하지 않아도 내 마음을 알아야 해" 같은 가짜 논리에 휘둘리는 거죠.

이런 판단에 논리가 부족하다는 점은 문제가 되지 않습니다. 논리가 부족할지라도 없는 것보다 있는 편이 훨씬 낫다고 여기니까요. 문제의 핵심은 이렇게 이성과 감정의 균형이 깨지면 결과도 고려하지 않고 규칙에만 집착하며 행동하게 된다는 데 있습니다. 불편과 혼란을 줄이고 삶을 풍요롭게 하려고 세운 규칙이 오히려 문제를 일으킨다면 본말이 전도되는 셈이죠.

↳ 현명한 마음

이성과 감정이 적절히 균형 잡힌 상태에서는 지혜롭게 생각하고 행동할 수 있습니다. 리네한 박사는 이를 현명한 마음 또는 현명한 자아라고 불렀죠. 이렇게 현명한 마음 상태에 '들어가면' 성급하게 반응하지 않고, 진정한 자기 목표에 이로운 방향으로 움직이게 됩니다.

흔히 우리는 이성과 감정이 공존할 수 없는 것처럼 여기지만, 이는 사실이 아닙니다. 단백질과 탄수화물이 둘 다 필수 영양소이면서 둘의 균형이 건강에 중요한 역할을 하는 것처럼 이성과 감정도 둘 다 우리가 살아가는 데 필수적인 요소이며 둘의 균형을 맞출 필요가 있습니다.

감정이 비논리적인 것도, 이성이 무감정한 것도 아닙니다. 둘은 그저 다른 체계일 뿐이죠. 양쪽을 적절히 갖추면 현명하게 행동할 수 있습니다. 이렇게 균형 잡힌 상태가 사람의 진정한 자아라고 보는 시각도 있으며, 이 상태에서는 내가 누구인지, 내게 정말 중요한 것은 무엇인지, 내 진심은 어떤 것인지를 훨씬 명확히 깨달을 수 있습니다.

이런 지혜로움은 누구나 갖출 수 있습니다. 자기가 좋아하는 목욕물 온도를 알아보려고 몸을 데거나 정밀한 온도계를 동원해 가며 실험할 필요는 없습니다. 발끝이나 팔꿈치만 담가 봐도 딱 좋은지 아닌지 그냥 '알게' 되니까요. 우리는 내 행동이 남들에게,

남들의 행동이 나에게 영향을 미친다는 사실을 알고 있습니다. 그리고 마음 깊은 곳에서는 자신이 이 관계에 얼마나 진심인지도 잘 알죠.

하지만 무엇이 현명함에 해당하는지는 사람마다 다르다는 점에 주의해야 합니다. 똑같은 상황이라도 이성 5분의 4에 감정 5분의 1이 적당한 사람이 있고, 이성 5분의 2에 감정 5분의 3이 딱 알맞은 사람도 있습니다. 간단히 말해 '너무 감정적'이거나 '너무 이성적'인 상태란 없습니다. 성급히 반응하거나(이성이 모자라서 균형이 깨짐) 무턱대고 규칙을 따르는(감정이 모자라서 균형이 깨짐) 일 없이 현명하게 행동할 수만 있다면 균형이 맞은 상태라는 뜻입니다.

균형 잡힌 상태에서 내가 이 관계를 소중히 여긴다는 진심을 '알고' 나면 자신이 관계에 쏟는 노력(이성)과 상대에게 느끼는 애정(감정)을 통해 무엇이 문제인지 짐작할 수 있습니다. 상대에게 상처를 주고 싶은 충동을 느낀다면 그건 내 감정적 자아가 상처받았다는(균형이 깨졌다는) 뜻이죠. 나를 사랑한다면 상대가 이러이러하게 행동'해야만' 한다는 생각(잘못된 규칙)은 이성적 자아(마찬가지로 균형이 깨짐)에서 나오는 것이고요. 반면 현명한 마음 상태에서는 지혜롭게 행동할 수 있기에 상대방에게 상처를 주거나 내 자존감을 희생하지 않고도 내가 진짜 원하는 바를 얻을 가능성이 커집니다.

그러려면 균형이 깨졌을 때 곧바로 눈치채고 현명한 마음으로 돌아가는 요령을 배워야 합니다.

이성과 감정의 균형은 어떻게 맞출까

갈등 상황에 대처하는 방식은 아주 다양합니다. 상황을 주관적으로 해석해서 판단을 내린 다음 그냥 무시하거나 도망칠 수도, 다른 일에 몰두해서 회피할 수도, 아니면 감정에 빠져 허우적댈 수도 있습니다. 흔히 보이는 효과 없는 전략들이죠. 이런 방식 대신 상황과 자기 반응을 잘 관찰한 다음 있는 그대로 묘사해 보는 건 어떨까요? 묘사하기describing는 불쑥 튀어나오는 반응을 막고 상황을 악화하는 행동을 자제해서 균형 잡힌 상태를 유지하는 데 매우 효과적인 방법입니다.[4]

흥분하지 않은 상태에서 묘사하기는 그리 어렵지 않습니다. 먼저 내 주변 공간, 현재 기온, 눈에 보이는 그림이나 사진의 색깔과 질감 같은 외부 상태를 묘사 대상으로 삼으면 됩니다. 감각이나 감정, 욕구, 생각처럼 내면에서 일어나는 일을 묘사할 수도 있고요. 다만 묘사할 때는 감정적인 해석을 덧붙이지 않도록 주의해야 합니다. 뭔가 감정이 느껴지면 그냥 담담히 받아들이세요. 묘사하는 동안 자연스럽게 솟아나는 감정은 진심일 때가 많으니까요.

묘사가 어떤 것인지 감이 잡히지 않는다면 라디오 중계를 들어 보세요. 행사를 중계하는 아나운서는 청취자가 상황을 이해할 수 있도록 세부 사항을 풍성하게 제공하며 행사 진행을 묘사합니다. 자기 상황을 묘사할 때도 이렇게 하면 됩니다. 현재 일어난 일, 상대방과 자기 자신의 반응(감정, 감각, 좋고 싫음 등등)을 여러 측면에서 자세히 관찰한 다음 말로 표현하는 거죠. 가령 설거지를 하는 중이라면 물과 세제, 그릇의 촉감이나 설거지 단계 등을 관찰해서 묘사합니다.[5] 연인에게 사랑한다는 말을 듣는다면 그 상황(상대방의 목소리와 표정 등)과 자기 반응(마음이 따뜻해지는 느낌, 얼굴과 목 근육의 긴장이 풀림, 얼굴에 미소가 떠오름 등)을 살펴서 묘사해 보세요.

↳ 섣부른 비판을 멈춰라

하지만 갈등 상황에서는 차분히 묘사하기가 쉽지 않습니다. 흥분해 있을 때는 섣부른 비판이 거의 자동으로 튀어나오기 때문이죠. 비판은 사물이나 사람, 행동을 옳고 그름으로 분류하는 행위입니다. 우리는 잘못된 것을 무조건 고쳐야 한다고 여깁니다. 그런데 여기서 문제는 자기 마음에 들지 않으면 잘못된 것이라고 생각하는 경향이 있다는 것이죠. 그래서 실제로는 잘못되지 않은 것을 없애거나 바꾸려 들기도 합니다.

예를 하나 살펴봅시다. 오스카는 집에 가기 전에 정리할 일이 하나 있어서 퇴근이 늦어졌습니다. 한편, 온종일 오스카가 보고 싶었던 마리아는 자기 퇴근 시간인 여섯 시쯤에 맞춰 오스카와 만나 함께 시간 보내기를 기대했죠. 오스카는 일이 있어서 여덟 시 좀 넘어서 도착할 것 같다고 마리아에게 문자를 보냈습니다. 그걸 보고 실망한 마리아는 이내 오스카를 비판하기 시작했습니다. '요즘 맨날 야근이야. 회사 일에만 목을 매고, 나한테는 신경도 안 써.'

조금 뒤 감정이 한층 고조되자 이번에는 자기비판이 시작되었죠. '왜 이렇게 속상한지 모르겠네. 별일도 아닌데. 오스카가 고생하고 있는데, 조금 늦는다고 내가 화를 내면 안 되지. 이렇게 속 좁게 구는 내가 이상한 거야.' 시간이 지나면서 마리아는 계속 비난과 자책 사이를 오갔고, 그럴 때마다 흥분은 점점 심해졌습니다.

마침내 여덟 시 반이 되자 분노가 극에 달한 마리아는 '오스카 잘못이야. 이렇게 늦는 건 너무하잖아'라고 결론을 내렸습니다. 조금 뒤 오스카가 도착하자 마리아는 당연하게도 불평을 늘어놓으며 상당히 적대적인 태도로 따지고 들었죠. 오스카는 피곤하고 배가 고픈데도 마리아가 보고 싶어 서둘러 이동한 참이었습니다. 하지만 잔소리를 듣자마자 공격당했다고 느끼고 재빨리 방어 태세로 돌아섰고, 자기도 비판의 포문을 열었죠. '어떻게 고생한 나한테 이따위로 굴 수가 있지?' 그렇게 꽤 길고 요란한 말다

톰이 이어졌습니다. 오스카는 집을 나가 패스트푸드로 배를 채웠고, 마리아는 혼자 꾸역꾸역 저녁을 먹은 다음 베갯잇을 눈물로 적시다 잠들었습니다.

이 예시는 섣부른 비판이 얼마나 위험한지 잘 보여 줍니다. 비판이 흥분을 부추기고 감정 난조를 불러서 현명한 행동을 방해하는 것이죠.

↳ **2차 감정은 사실이 아닐 확률이 높다**

타당하고 상황에 어울리며 합리적인 감정 반응, 특히 상황을 관찰하고 묘사하면서 나오는 반응은 1차 감정primary emotion으로 분류됩니다. 이런 감정 반응은 대개 보편적이죠. 원하는 것을 얻지 못할 때 느끼는 실망, 정말 위험한 상황에서 느끼는 두려움, 일이 뜻대로 됐을 때 느끼는 만족감 등이 여기 속합니다. 대조적으로 2차 감정secondary emotion은 1차 감정에 따르는 반응이나 비판에서 파생되는 감정을 가리킵니다.[6] 그래서 2차 감정은 문제가 있거나 상황에 맞지 않을 가능성이 큽니다.

앞의 예시에서 처음에는 비교적 차분하고 합리적이었던 감정이 비판 탓에 훨씬 심각하고 파괴적인 감정으로 바뀌었다는 점에 주목해 봅시다. 오스카와 보내는 시간을 고대했던 마리아는 함께할 시간이 짧아져서 1차로 실망했죠. 하지만 2차적으로 오스카를 비판하면서 크게 분노했고, 간간이 자신을 비판하면서 수치심을 느꼈습니다. 이처럼 2차 감정은 거의 반드시 인간관계에 악영향을 미칩니다. 나에 대한 비판은 수치심, 타인을 향한 비판은 분노라는 2차 감정으로 이어지니까요. 게다가 증폭된 2차 감정은 더 많은 비판으로 이어지므로 악순환이 거듭됩니다.

↳ 분노는 해결을 돕지 않는다

분노가 타당할 뿐만 아니라 건전한 감정이라고 주장하는 사람도 많습니다. 자기 권리와 가치관, 경계선을 지키고 위험한 상황에서 자신을 보호해 준다는 이유에서죠. 일리가 있는 말입니다. 하지만 친밀한 관계에서 분노는 이런 이점을 덮고도 남을 만큼 해로운 영향을 미칩니다. 여기서 하나 짚고 넘어가자면 분노는 좌절감이나 반감, 불만과는 확실히 '구별'됩니다. 이런 감정들은 친밀한 관계에서도 건전하고 생산적인 방식으로 표현하고 받아들일 수 있죠. 그래서 긍정적인 변화를 낳고 오히려 관계를 튼튼하게 만들기도 합니다.

반면 분노는 부정적인 감정을 고조하기 마련이며, 흥분에는 비판이 따릅니다. 그러다 보면 자기 감정과 소망을 정확히 표현하지 못하게 되고 오해와 갈등이 쌓여 긍정적인 변화는 기대할 수 없습니다. 이렇듯 분노라는 감정을 느끼며 뱉는 말은 연인 사이에 거리감을 만듭니다. 거리감은 친밀감에 치명적이고요. 그렇다면 뭔가가 마음에 들지 않을 때는 어떻게 해야 할까요?

↳ 묘사의 힘

묘사[7]는 비판-흥분-오해-갈등으로 이어지는 파괴적인 악순환을 깨뜨리는 힘이 있습니다. 상황과 자신의 반응을 묘사한 다음, 이 반응이 자연스러운 것임을 스스로 받아들이면 대개는 감정이 진정됩니다. 그러면 다시 현명한 판단을 할 수 있게 되죠.[8]

분노의 장점을 굳이 하나 꼽자면, 눈치채기 쉽다는 점입니다. 분노가 느껴진다는 것은 곧 내가 악순환으로 접어든다는 신호 또는 경보에 해당하죠. 이 경계 신호를 눈치채거든 다음과 같이 반응하면 됩니다. 첫째로 비판하고 싶어지는 마음을 다잡고, 둘째로 이미 나온 비판에 힘이 실리지 않게 훌훌 털어 버리고, 셋째로 비판 대신 묘사에 집중합니다. 그러고 나면 분노가 사그라들어서 진심을 담아 현명하게 행동하기가 한결 쉬워집니다.

앞선 사례의 마리아도 자기가 화를 내고 있음을 깨달았다면 비판을 멈추고 묘사로 주의를 돌릴 수 있었을 겁니다. 그랬다면 사랑하는 오스카가 야근 중이며, 그가 보고 싶다는 사실을 떠올렸겠죠. 오스카가 일찍 오지 않아서 자신이 실망했고, 그 상황에서 서운한 마음이 드는 것은 지극히 자연스럽다는 생각도 했을 테고요. 그랬다면 흥분이 심해지지 않고, 오스카가 올 때까지 다른 곳에 관심을 쏟을 수도 있었을 겁니다.

이렇게 부정적인 감정(실망감)을 키우지 않았다면 비판이나 분노 같은 걸림돌 없이 타당하고 진심 어린 반응(기쁨, 안심, 기타 긍정적인 감정)으로 오스카를 맞았을 테죠. 반가움을 표현하면서 자연스럽게 미소도 지었을 겁니다. 늦게나마 자기가 원하던 바를 이루게 되었으니까요. 오스카 또한 미소 지으며 반겨 주는 마리아에게 애정 어린 반응(마주 미소 짓기, 안아 주기, 다정하게 눈 마주치기)을 보였을 겁니다. 그랬다면 둘은 아주 행복한 저녁 시간을 보냈겠죠.

연습

1. 판단하지 않고 경험을 있는 그대로 관찰하는 연습을 해 봅시다. 샤워하면서 연습해도 좋고(물, 비누, 샴푸의 감촉이 어떤지 관찰하고 묘사하기), 아니면 그냥 숨을 쉬는 느낌을 관찰해도(코로 공기를 들이쉬는 느낌, 공기의 온도, 공기가 코와 목을 통과하는 감각, 폐가 확장하고 수축하는 느낌, 숨을 내쉴 때의 느낌 등) 됩니다. 오늘따라 피곤하다면 그 감각을 관찰하고 묘사하세요. 행복할 때 몸에서 뭔가 다른 감각이 느껴지는지, 행복감이 몸이나 얼굴, 근육에 어떤 영향을 미치는지 관찰하세요. 경험 자체를 바꾸려 하지 마세요. 그저 관찰하고, 묘사하고, 음미하세요.

2. 묘사에서 판단에 속하는 말을 골라내는 법을 연습하세요. 가령 "참 아름다운 그림이네"라는 말에서 '아름답다'

는 표현은 판단에 속합니다. 가치 판단 없이 그림의 특징(주제, 색깔, 질감, 패턴 등)을 묘사하고, 자신의 반응(따스한 느낌, 미소가 지어짐, 자신에게 소중한 무언가가 떠오름, 즐거움 등)을 관찰하세요. 자기 반응이 관심을 쏟은 대상에 걸맞은 자연스러운 반응인지 확인하세요. 좋아하는 것과 싫어하는 것을 두루 대상으로 삼아 연습합니다.

3   자기 안에서 비판이나 분노가 감지되면 판단하려 하지 말고 그 상황과 자기 반응을 묘사해 보세요. 처음에는 사소한 일에서 시작하고 점점 부정적인 판단과 분노가 얽힌 상황(단, 이때는 연인과 관계없는 사건을 택합니다)으로 강도를 높여 갑니다. 마지막으로 혼자 있을 때 사랑하는 사람이 당신을 화나게 했던 일을 떠올리면서 연습합니다. 묘사하는 동안 흥분이 가라앉는 과정을 찬찬히 관찰하세요.

상대방을 있는 그대로 바라보기

상대를 바라보는 방식은 크게 두 가지로 나뉩니다. 나의 내면을 보듯 관찰하고 묘사할 수도 있고(즉, 마음챙김), 평가하고 판단할 수도 있죠. 누군가를 판단하는 것은 매우 쉽습니다. 심지어 사회는 이를 부추기죠. 상대의 행동과 내 반응을 자세히 관찰하고 묘사하느니, 그 사람은 훌륭한 사람 혹은 형편없는 사람이라고 뭉뚱그리는 편이 훨씬 쉽기 때문입니다. 실제로 이런 약식 표현법은 직설적이라 잘 통하지만, '약식'인 만큼 진실을 전부 담지는 못합니다. 내가 좋아하는 행동을 한다고 꼭 훌륭한 연인이 아니고, 내가 싫어하는 행동을 한다고 형편없는 연인도 아니라는 뜻이죠.

판단은 상황을 있는 그대로 받아들이지 못하게 막습니다. 만약 상대방이 내 마음에 들게 행동했을 때 '훌륭함'이라는 개념으로 판단해 버리면 오히려 순수하게 친밀감을 느끼고 자기 반응을 인식하는 데 방해가 (약간일지언정) 됩니다. 마찬가지로 상대에게 '형편없음'이라는 비판적 딱지를 붙이면 공연히 화가 나고, 그러면 진짜 감정(상대가 내 소망대로 행동하지 않았다는 실망감)을 인식하지 못하게 되죠.

실망은 유쾌한 감정이 아니기도 하고, 우리 문화나 사회에서 분노만큼 인정받지도 못합니다. 하지만 분노는 친밀한 관계에 독이 되는 반면, 진심에서 우러난 감정인 실망은 치유로 이어질 수 있습니다. 그러므로 사랑하는 사람을 마음챙김하려면 때로는 실망을 있는 그대로 받아들일 줄 알아야 합니다. 물론 다른 긍정적인 감정이나 경험은 말할 것도 없죠.

상대방을 마음챙김하는 과정의 핵심도 관찰하고 묘사하는 것입니다.[9] 상대방의 표정(어떤 근육이 긴장하거나 이완되는지, 눈썹이나 입꼬리가 올라가는지, 내려가는지), 걸음걸이, 어조(높낮이, 억양) 등을 살펴 있는 그대로 묘사하는 것이 곧 마음챙김이라는 뜻입니다. 상대가 내 손을 잡는 방식(어느 손가락이 닿는지, 얼마나 꼭 잡는지), 잠잘 때 숨을 쉬는 패턴(깊은지, 얕은지)을 관찰하고 묘사하는 것도 마음챙김이고요.

관찰과 묘사는 마음을 열고 호기심과 더 알고 싶다는 생각을 불러일으킵니다. 대조적으로 판단과 평가는 마음을 닫고 더 많은 정보를 받아들이지 않게 하죠(판단은 이미 내려졌으므로). 그렇기에 상대의 감정을 넘겨짚거나, 반응을 해석 또는 평가하거나, 의도를 의심하거나, 상대가 얼마나 비합리적으로 구는지에만 초점을 맞추면 그 사람에게 관심을 쏟을 수 없게 되고, 마음챙김도 중단됩니다. 사랑하는 관계에서 서로에게 쏟는 관심은 매우 중요합니다. 경청과 이해, 나아가 협력과 지지, 갈등 해결과 친밀감으로 이어지는 관문이기 때문이죠.

물론 쉬운 일은 아닙니다. 인간은 쉽게 흥분하고 거의 무의식적으로 판단을 내려 갈등을 일으키는 존재니까요. 그렇기에 섣불리 비판하고 급속도로 흥분하는 악순환에서 벗어나려면 꾸준한 연습이 필요합니다. 우선 앞의 마음챙김 연습에서 나온 대로 반응 속도를 늦추고 관심의 방향을 돌리는 것부터 시작합니다. 장기적인 목표를 염두에 두면서 상황을 관찰하세요. 계속 자기 반응(감각, 감정)을 묘사하고 있는 그대로 받아들이면서 평정심이 돌아올 때까지 기다립니다. 그런 다음 상대에게 관심을 옮기세요. 상대방의 표정, 자세, 관심사를 묘사하세요. 이렇게 관찰과 묘사에 집중하다 보면 상대방을 받아들이고 사랑하는 당신의 마음도 전해지기 마련입니다.

같은 방식으로 상대방이 하는 말도 마음챙김할 수 있습니다. 다만 좀 더 까다롭죠. 누가 무슨 말을 하면 우리 이성은 즉각 반응해서 해석과 평가, 판단에 착수합니다. 하지만 상대가 말하는 내용과 방식에 집중하는 연습을 반복하면 상대의 생각과 감정, 행동을 있는 그대로 묘사할 수 있게 됩니다.

상대가 말하고 있을 때 마음챙김하기(열린 태도로 적극적 경청하기)는 상대가 인정받는다고 느끼게 하는 데 매우 효과적인 방법이며, 이에 관해서는 다섯 번째, 여섯 번째 수업에서 더 자세히 다룰 예정입니다. 지금은 일단 갈등이 없는 상황에서 귀 기울여 듣는 연습에 집중하세요. 갈등 상황에서 경청하는 법은 이후에 따로 다루도록 하겠습니다.

> **연습**
>
> 1. 사랑하는 사람이 당신 근처에서, 하지만 당신과 상관없는 활동(신문 읽기, 빨래 개기, 잠자기, 걸어서 지나가기 등)을 할 때 이를 관찰하고 묘사해 보세요. 평가나 판단(좋고 나쁨, 맞고 틀림), 자신의 반응에 연연하지 말고 묘사에만 집중합니다. 잠시 자기 쪽으로 주의가 쏠리더라도 다시 상대방에게 재빨리 관심을 돌리세요.
>
> 2. 사랑하는 사람이 다른 사람과 대화를 나눌 때 그 사람이 말하고, 생각하고, 바라고, 느끼는 것을 관찰하고 묘사해 보세요. 해석을 배제하고 말하는 내용에만 집중합니다.
>
> 3. 이제 두 사람 다 긍정적이거나 중립적으로 받아들이는 주제로 이야기를 나눌 때 주의 깊게 듣는 연습을 해 보세요. 다음에 내가 무슨 말을 할지 미리 생각하지 말고 귀 기울여 들으며 상대의 말을 이해하려고 노력합니다. 상대방이 감정이나 생각, 바라는 바를 말로 표현하지 않는다면 물어보세요. 상대가 원하고 느끼고 생각하는 것을 묘사하고 이해하는 데 모든 에너지를 집중하세요.

두 번째 수업

감정을 조절해야
관계를 지킨다

앞 수업에서는 관계를 망치는 부정적인 감정과 섣부른 반응의 방향을 바꾸는 방법을 살펴보았습니다. 하지만 상황을 개선하고 싶다면 우선 상황이 더 나빠지지 않게 멈추는 법부터 배워야 하죠. 이번 수업에서는 스스로 상황 악화를 막겠다고 다짐하고 부정적인 반응을 자제하는 법을 배웁니다. 나아가 나중에 후회하게 될 충동적인 행동을 하지 않는 법도 다룹니다.

전념하면 통제력이 높아진다

나를 통제하는 첫 번째 단계는 '전념하기'입니다. 자기 손으로 불에 기름을 부어 통제 불능 상태에 빠지면 논리적 사고(또는 기타 유용한 수단)는 작동하기 어렵습니다. 전념하기란 이럴 때를 대비해 미리 적절한 반응을 연습해서 몸에 완전히 익혀 두는 과정을 가리킵니다. 그러면 통제력을 잃어도 연습해 둔 행동이 저절로 튀어나오죠.

마라톤에 출전하고 싶은데 3킬로미터 이상은 뛰어 본 적 없다면 무턱대고 대회에 나갈 수는 없는 법입니다. 아무리 오래 뛰고 싶더라도 의지만으로는 몸이 움직여 주지 않으니까요. 여기서 필요한 것은 몇 달 동안 매일 일찍 일어나서 몸을 만들고 연습하겠다는 각오입니다. 단단히 마음먹고 충분한 연습을 거치면 몸이 지치기 시작해도 괴로움을 견디면서 계속 달릴 수 있죠.

하지만 이렇게 준비를 마쳤더라도 하고자 하는 동기가 부족할 수도 있습니다. 옛 습관이 남은 탓에 새로 연습한 반응이 얼른 나오지 않을 수도 있고요. 잔뜩 흥분한 상황에서는 '그딴 건 아무래도 상관없어'라는 생각으로 행동할 지도 모릅니다. 이런 감정 상태에서는 자기 행동에 따르는 결과를 예상하지 못하니까요. 그래서 지금의 고통스러운 감정뿐 아니라 내가 진심으로 바라는 관계 목표를 인식하는 상태, 즉 평정을 되찾는 것이 중요합니다. 힘든 상황에서 균형을 유지할 수 있도록 미리 연습하세요.

차가 우측으로 다니는 곳에서 운전을 배웠는데, 차가 좌측통행하는 나라로 휴가를 가게 됐다고 합시다. 여기서 우측으로 운전하면 극히 위험하다는 사실을 뻔히 알면서도 자꾸 우측으로 차를 몰고 싶은 충동이 불쑥불쑥 들겠죠. 이럴 때 안전하게 운전하려면 어떻게 해야 할까요? 우선 여기서는 좌측통행이 안전하다는 사실을 마음에 새기고 어렵더라도 계속 연습하며 전념해야 합니다. 덧붙여 우측으로 가고 싶은 충동이 아우성치더라도 거기에 따르지 않고 자신을 관찰하는 태도를 갖추면 별일 없이 돌아다닐 수 있을 겁니다.

사랑에 옳고 그름은 없다

자, 이제 관계를 악화하는 행동을 하지 '않는' 데 전념하는 것부터 시작해 봅시다. '상대방이 먼저 잘못했든 아니든' 내가 상대를 무시하거나 비난하고 못된 말을 하면 관계를 망칠 뿐이라는 사실을 진심으로 이해하시나요? 아니면 상대가 먼저 잘못했으니 나도 똑같이 맞받아칠 '권리'가 있고, 상대방은 당해도 싸다고 생각하시나요?

사람들은 대부분 못된 행동이 바람직하지 않다는 사실을 잘 알면서도 남을 비판하며 독선적으로 굴기도 합니다. 누가 '내 권리를 침해하면' 거칠게 맞서도 된다는 사회 분위기가 조성되어 있기 때문이죠. 그래서 우리는 모든 문제에서, 심지어 사랑하는 사람과의 관계에서도 옳고 그름을 따지려 듭니다.

이때 부정적 감정이 아닌 상대에게 관심을 쏟으면 서로 똑같이 행동하고 있다는 사실이 보입니다. 상대방은 내가, 나는 상대방이 당해도 싸다고 생각하는 거죠. 어느 한쪽이 (그리고 결국에는 양쪽'다) "눈에는 눈을 실천하면 세상 사람이 전부 눈멀게 된다"라는 간디의 말을 떠올리며 사려 깊게 물러나지 않으면 이 상황은 해결되지 않습니다. 사랑하는 사람에게 '진심으로' 상처를 주고 싶은가요? 상대에게 상처받은 당신은 이미 그게 얼마나 아픈지 잘 알죠. 사랑하는 이에게 그런 아픔을 꼭 되돌려 줘야 할까요?

그러고 싶지 않다면 앞 수업에서 배운 마음챙김 기법을 써 봅시다. 나는 이 사람을 사랑하며 더 잘 지내고 싶은 것이지, 사이가 나빠지고 싶은 게 아니라는 점을 마음 깊이 새기세요. 상대에게 상처를 주면 나 자신도 상처받고, 끝없이 서로 앙갚음하는 고통이 이어질 뿐임을 기억하세요. 당신에게는 악순환을 멈출 힘이 있습니다.

어쩌면 "상대가 먼저 상처를 줬는데, 제가 아무것도 안 하면 지는 거잖아요!"라고 생각할지도 모르겠네요. 하지만 두 사람의 관계가 끝장날 때까지 싸우지 않도록 참는 것은 지는 것과 거리가 멉니다. 상대가 다치면 나도 다치므로 싸움을 멈추는 것은 오히려 관계를 보호하고 상대에게 해를 끼치지 않으면서도 나를 지키려고 나서는 용기 있는 행동입니다. 기를 쓰고 이기려 들면 결국 둘 다 지게 되며, 공격을 멈추는 것이 둘 다 이기는 길임을 깨달아야 합니다. 자기 자존감과 관계는 물론 사랑하는 사람의 마음도 지킬 수 있어야 패자가 완전히 사라지는 셈이죠.

싸움을 멈추는 것이 항복이라고 생각한다면 수치심을 느낄 수도 있습니다. 우리는 "옳다고 생각하거든 맞서 싸워라"라고 배우기 때문이죠. 하지만 싸움을 멈추는 데는 용기와 단호함, 기술이 필요하며 그 결과 모두 더 행복해진다는 사실을 깨달으면 부끄러워할 이유가 없습니다. 도리어 자랑스럽게 여겨야 할 일이죠. 자제심을 발휘하기 위해 노력하고 실제로 실천하면 얼마나 뿌듯할지 생각해 보세요.

자신이 폭발하는 지점 예측하기

갈등을 키우는 행동을 멈추는 데 전념하기로 마음 먹은 다음에도 실제로 싸움을 멈추기 위해서는 연습해야 할 기술이 많습니다. 남에게 안 좋은 말을 듣고도 묵묵히 참다 보면 갑자기 견딜 수 없는 충동이 폭발할 때가 있죠. 하지만 잘 생각해 보면 이런 순간은 대개 예측이 가능합니다. 혹시 비슷비슷한 싸움을 계속 반복했나요? 특정한 말을 들을 때마다 상처가 되고 몹시 화가 나지는 않았나요? 전에 일어났던 문제들을 자세히 들여다봅시다. 상대가 한 말 가운데 뚜껑이 열릴 정도로 화가 나서 보복하고 싶은 충동이 드는 말이 있었나요? 이런 반응을 촉발하는 말이나 행동을 '트리거'라고 부릅니다.

감정을 건드는 트리거를 찾아라

　자신의 트리거를 파악하고 나면 상대가 그 말을 또 했을 때 화가 날 거라는 사실을 쉽게 예상할 수 있습니다. 그리고 미리 마음의 준비를 해 둘수록 트리거는 힘을 잃습니다. 상대방이 트리거를 건드려도 너그럽게(아니면 최소한 공격적이지 않게) 반응하는 상상을 거듭하면, 악순환을 깨뜨리고 조건 반사를 약화할 수 있죠.
　사실 트리거 자체로만 반응이 튀어나오는 건 아닙니다. 문제는 상대가 X라고 하면 나는 Y라고 반응하고, 상대가 A라고 하면 나는 B로 받아치는 패턴이 이미 형성되었다는 데 있죠. 이는 알파벳 외우기처럼 학습된 습관입니다. 누가 "A, B, C, D, E, F"까지만 말하고 입을 다문다면 다년간의 연습에 길든 우리는 "G"라고 말하겠죠. 하지만 "G"라고 말하면 폭발이 일어난다는 사실을 알게 됐다면? 당연히 "G"라고 하지 말고 다른 행동을 취해야 합니다. 뭐가 됐든 그 말을 하고 싶은 충동을 가라앉히고 다르게 반응하기 위한 행동을요.
　변증법적 행동치료(DBT)에는 이런 상황에서 도움이 되는 전략이 많습니다.[10] 예를 들어 산책이나 독서 등 몸을 쓰거나 긴장을 풀어 주는 활동을 하면서 관심을 돌리는 방법이 있습니다. 짧게 기도하거나 자기 가치관을 되새기면서 정신적 위안을 얻을 수도 있고요. 잔잔한 음악을 듣거나, 좋아하는 간식을 먹거나, 마음이 따뜻해지는 시를 읽으면서 감각적인 만족을 찾을 수도 있습니다. 친구와의 통화, 이메일 쓰기 등 사회적인 활동을 하는 것도 좋습니다. 이 중 몇몇은 언제든 손쉽고 빠르게 활용할 수 있고, 일부는 상황을 잘 마무리한 뒤에 천천히 계획해서 할 만한 활동입니다. 여기서 중요한 것은 내 감정을 돌볼 시간을 따로 마련하겠다고 마음먹는 것만으로도 차분해지는 데 도움이 된다는 사실입니다.

자주 등장하는 트리거를 파악하고 덜 반응할 수 있는 대안을 생각해 냈다면, 이제 두 가지를 합칠 차례입니다. 먼저 트리거를 들었다고 상상하고, 당신의 목표를 기억해 보세요. 상황을 악화하지 않겠다는 다짐, 당신이 이 사람을 사랑한다는 사실, 부정적인 반응은 악순환을 부른다는 점을 말입니다. 마지막으로 자신과 상대를 존중하는 방식으로 반응하는 자신을 마음속에 그려 보세요.

연습

1. 당신이 공격받는다고 느끼는 말(트리거)을 최대한 많이 파악해서 종이에 적습니다.

2   그리고 그 말에 부정적으로 반응하지 않기 위해서 즉시 실행할 만한 대안 목록을 만드세요. 자신에게 뭐라고 말하면 좋을까요? 무엇에 집중하면 될까요? 어떻게 하면 보복하고 싶은 충동에서 벗어나 날카로워진 감정을 다독일 수 있을까요?

3   이제 두 가지를 합쳐서 연습합니다. 먼저 트리거를 상상한 다음 대안을 활용해서 덜 공격적이고 더 바람직한 반응을 보이는 자신을 상상하세요. 반복해서 연습합니다.

싸움을 멈추는 몇 가지 말들

화가 나거나 감정이 격해졌을 때 가장 큰 문제는 이성적으로 생각할 수가 없다는 점입니다. 그래서 상황을 정리할 적절한 말을 떠올리지 못하고 결국 예전에도 통하지 않았던 공격적인 말을 입에서 나오는 대로 다시 내뱉고 말죠. 이 문제는 뒤에서 좀 더 자세히 다룰 예정입니다. 지금 당장은 싸움을 원만하게 마무리하는 데 도움이 될 만한 말 두어 가지를 외워 두고 넘어가면 됩니다.

다음 예시를 포함해서 여러 방법을 고려해 보세요.

- 지금 우리가 싸우고 있음을 지적하고 싸우고 싶지 않다는 의도 밝히기

 "우리 또 언성이 높아졌어. 나는 너랑 싸우고 싶지 않아."

- 슬픔 등 현재 자신이 느끼는 1차 감정 표현하기

 "내가 오늘 속상했던 일을 공감받지 못해서 서운해."

- 상대를 사랑하고 있으며, 이렇게 부정적인 방향으로 계속 가고 싶지 않다고 말하기

 "나는 여전히 널 사랑해. 그래서 감정적인 말을 그만 주고받고 싶어."

- 상대를 무척 소중하게 여기고 있으며, 이해하고 싶지만 지금은 버겁다고 밝히기

 "네 마음을 너무 이해하고 싶은데, 내가 지금 감정적이라 잘 안 되네."

- 잠시 시간을 두었다가 나중에 대화를 이어 가자고 제안하기

 "생각을 정리하고 1시간 뒤에 다시 대화해도 괜찮을까?"

어느 것을 고르든 당연히 자기 식대로 응용해서 자연스럽게 말해야겠지만, 바람직한 대응의 핵심은 상대방의 잘못을 지적하는 것이 아니라 합리적이고 차분한 태도로 자신의 진짜 목표와 감정을 전하는 것입니다.

에드거와 설리나는 한번 싸우면 며칠이고 서로 눈도 마주치지 않을 정도로 갈등이 심했습니다. 둘 다 어떻게 하면 상대에게 상처를 줄 수 있는지, 격한 반응을 끌어내려면 어디를 건드려야 하는지 이미 터득해서 치사하게 싸웠죠. 물론 상대를 다치게 하는 것이 두 사람의 목표는 아니었습니다. 사실은 둘 다 더없이 즐겁게 지내던 최고의 친구이자 위안과 지지를 제공하는 동반자였던 초창기 관계로 돌아가기를 간절히 바랐습니다.

에드거는 설리나가 계속 자신의 트리거를 건드릴 거라고 예상했습니다. 그래서 자기 반응을 바꾸기로 마음먹었죠. 하지만 상처받고 슬프고 화난 상태에서는 조절하기 어려울 것 같았습니다. 공격받으면 또 예전처럼 부정적으로 반응해서 상황이 나빠질 게 뻔했죠. 하지만 적어도 설리나의 말이 트리거로 작용할 것을 알고 있었기에 에드거는 그럴 때 할 말을 미리 정해 두기로 했습니다.

싸움을 멈추는 데 효과적인 말이 무엇일지 고민한 끝에 나온 문장은 다음과 같았습니다. "난 예전 우리 사이가 그리워. 이 싸움이 너무 힘들고 이제는 정말 그만하고 싶어. 잠깐 시간을 두었다가 나중에 둘 다 좀 차분해진 다음에 차근차근 다시 얘기하면 안 될까?" 에드거는 이 말을 거듭 연습했습니다.

그런데도 때가 오자 설리나에게 맞받아 소리치고 싶은 충동을 참기 어려웠죠. 하지만 연습 덕분에 갈등을 멈추겠다는 다짐과 행복했던 시절을 떠올리면서 무사히 충동을 견뎌 낼 수 있었습니다. 마침내 준비한 말을 입 밖에 낸 에드거는 의외로 설리나가 선뜻 동의하자 놀라는 동시에 안도했습니다. 또 지옥 같은 사흘을 보낼 게 확실했던 상황에서 서로 이해하고 함께할 희망을 발견하고 완전히 다른 길을 걷기 시작했으니까요.

충동적인 욕구를 다스리는 방법

앞서 배운 방법들도 자제력을 키우기에 매우 좋습니다. 하지만 충동이 치솟을 때 활용할 만한 다른 방법도 있습니다.

디저트를 더 먹고 싶은데 참아 냈던 적이 있나요? 늦잠을 자고 싶어 죽겠는데도 어쨌거나 일어나서 출근하고, 운동하러 가고, 등교했던 경험은요? 형편에 맞지 않는 물건을 사거나, 어려운 일 앞에서 도망치고 싶은 충동은 어떨까요? 세금을 안 내거나, 물건을 훔치거나, 남의 분노 또는 실망을 피하려고 거짓말을 하거나, 술을 마시고 운전하고 싶었던 적은? 이런 충동에 항상 굴복했나요, 아니면 가끔일지라도 더 나은 삶을 위해서 꾹 참고 그 상황에서 해야 할 일을 했나요?

이런 충동을 이겨낼 때 썼던 방법은 사랑하는 사람에게 상처를 주고 갈등의 악순환에 빠지게 하는 해로운 충동을 막아낼 때에도 유용합니다. 어려운 상황에서 충동을 조절하는 보편적인 전략 세 가지를 살펴봅시다. 물론 잘 통했던 비법이 따로 있다면 그 방법을 써도 괜찮습니다.

충동적인 일의 결과를 상상하라

알람 시계가 울렸는데 아직 찌뿌듯하고, 사랑하는 사람과 꼭 껴안고 누운 자세가 너무 편안해서 알람을 끄고 다시 자고 싶은 충동이 듭니다. 하지만 갑자기 결근하면 상사가 못마땅하게 여길 게 뻔하죠. 오늘 쉬면 밀린 업무를 처리하느라 사나흘은 진땀을 빼야 할 겁니다. 지난번 업무 평가에서 의욕이 다소 부족해 보인다는 말을 들은 것도 마음에 걸리고, 통장에는 17달러밖에 없다는 것도 생각납니다.

그렇게 잠시 후, 당신은 아직 연인이 따뜻하게 데우고 있는 편안한 침대 생각을 떨쳐 버리고 샤워하러 갑니다. 어떻게 된 걸까요? 충동에 따랐을 때 생길 부정적인 결과를 떠올린 것이죠. 달리 표현하면 행동에 따르는 단기적 이익(포근한 침대에서 늦잠)과 장단기적 손해(상사의 분노, 실직하거나 연봉이 동결될 위험, 재정 위기, 개인적 수치심)를 현명하게 비교한 겁니다. 이 방법은 장기 목표 달성에 이로운 방식으로 행동하게끔 스스로 동기를 부여하는 데 매우 도움이 됩니다.

한 걸음 물러서서 충동을 관찰하라

그밖에 자기 행동을 관찰하는 방법도 있습니다. 알람이 울린 다음 가만히 생각해 봅시다. 밖이 아직 어둡고 연인이 여전히 잠들어 있을 때는 특히 침대에서 나가기 싫죠. 이때 침대에 머무른다는 선택지를 덥석 받아들이지 말고, 한 걸음 물러나서 자신을 관찰하다 보면 어느새 충동이 잦아듭니다.

흥미롭게도 충동은 관찰당하면 힘을 잃어버립니다. TV나 라디오에서 고래고래 떠드는 광고를 접하면 자기도 모르게 그 말대로("오늘 밤 열 시 이 프로그램을 절대 놓치지 마세요"라든가 "좋은 부모라면 이 제품을 선택합니다" 등) 해야겠다는 충동을 느낍니다.

이때 광고는 어차피 나의 돈을 쓰게 할 목적으로 만들어졌음을 떠올리면 한껏 자극되었던 욕구가 누그러집니다. 해도 그만, 안 해도 그만인 상태가 되는 것이죠. 그러면 충동적으로 반응하는 대신 선택할 수 있게 됩니다. 이렇듯 충동을 관찰하는 것은 행동에서 과도한 감정을 덜어내는 탁월한 방법입니다.

충동을 견뎌 낸 후를 기대하라

알람이 울렸는데 침대에서 나오기 싫은 충동을 느끼는 예시로 돌아가 보죠. 그 시점에서 충동을 견디고 나면 펼쳐질 일을 상상해 보는 겁니다. 사실 회사에서 지금 맡은 프로젝트는 꽤 재미있고, 내 집 마련을 위해 붓는 적금도 착실히 쌓이는 중입니다. 회사에서 당신을 높이 사는 이들도 있고, 마음이 맞는 동료들과 한 팀으로 일하는 것도 꽤 즐겁죠. 이런 것들을 떠올린 당신은 곧 샤워를 마치고 출근길에 오르게 될 겁니다.

이 방법과 충동적 행동의 결과를 상상하는 방법의 차이는 긍정적인 결과를 얻으려는 욕구를 활용하는지, 아니면 부정적인 결과를 피하려는 욕구를 활용하는지에 있습니다. 어느 쪽이든 효과는 비슷하니 자신에게 더 잘 맞는 방법을 택하면 됩니다.

사랑하는 사람과 심한 갈등을 겪을 때도 어느 것이든 잘 통하는 전략을 골라 활용하세요. 저절로 튀어나오는 못된 말을 참지 못했을 때 괴로워질 상황을 떠올리면 도움이 될 겁니다. 또는 상황이 수습되면 얼마나 좋을지 상상해서 부정적인 충동을 넘기는 방법도 좋고요. 한창 갈등이 진행 중일 때는 자신을 관찰해서 마음을 바꾸고 예전과는 다른 반응을 통해 더 나은 결말을 맞이할 수도 있습니다.

연습

1 상대가 트리거를 건드리면 자동으로 튀어나왔던 공격적인 반응이 얼마나 나쁜 결과를 부를지, 혹은 새로 익힌 중립적이고 생산적인 반응이 얼마나 좋은 결과를 부를지 상상하는 연습을 반복합니다.

2 일상 속 다양한 상황에서 자기 충동을 관찰합니다. 자신이 충동을 어떻게 넘기는지 주의 깊게 살피세요. 당신에게 잘 맞는 방법을 골라낸 다음 사랑하는 사람과의 갈등 상황에서 그 전략을 활용할 방법을 생각해 보세요.

세 번째 수업

함께 있지만
혼자라고 느낄 때

연인 사이의 갈등이 심해질수록 애정은 줄어들고, 함께 보내는 시간을 자연스레 피하게 됩니다. 어쩌다 같이 뭔가를 하더라도 마음은 '함께'가 아닐 때가 많습니다. 또 싸움이 벌어지거나, 상대가 나를 싫어하고 무시하는 티를 내거나, 관계가 더 소원해질까 봐 노심초사하죠. 아니면 상대방이 맞은편에 앉아 있거나 한 침대에 누워 있어도 그냥 무시하면서 자기만의 세계에 틀어박힙니다. 이번 수업에서는 두 사람이 물리적으로 가까이 있을 때 부정적인 감정과 사고를 내려놓고 마음의 문을 열어 진심으로 함께하는 방법을 찾는 데 초점을 맞춥니다.

지나간 일은
지나간 대로

그 어떤 긍정적인 상호작용이나 애정 표현도 없을 만큼 갈등이 심해졌을 때는 특정 상황만 맞이하면 무슨 일이 일어나기도 전에 서로 방어벽을 세우고 전투태세를 갖춥니다. 그런 상황에서는 부정적인 감정이 고조되도록 이미 '조건화conditioning'되었기 때문입니다.

예컨대 두 사람이 기념일, 여행, 성생활, 돈, 함께 보내는 시간 등을 두고 반복해서 싸웠다면, 이 주제가 나오기만 해도 조건화된 분노와 불안이 치솟는 거죠. "어차피 또 그냥 지나가려고 하겠지" "또 이기적으로 굴 텐데, 뭐" "내 말은 들으려고 하지도 않을 거야" "다 내 잘못이라고 하겠지" 같은 상대를 향한 비판부터 "또 내가 다 망쳐 버릴 거야" 같은 나를 향한 비판까지 튀어나옵니다. 이럴 때는 우선 꼬여 버린 상황을 '재조건화'하는 작업이 필요하며, 이는 다행히도 그리 어려운 일이 아닙니다.

감정 반응은 크게 두 가지로 나뉩니다. 상황에 맞고 보편적이며 예측 가능한 '자연스러운 반응', 그리고 상황에 맞지 않아서 둘의 관계를 잘 알지 않고는 예측할 수 없는 '조건화된 반응'이죠. 예를 들어 바쁜 연인에게 결혼을 준비하는 문제는 쉽지 않은 게 당연합니다. 그러므로 그 주제로 대화할 때 한쪽 또는 양쪽이 스트레스를 받는 것은 자연스럽고 예측 가능한 일이죠. 하지만 한쪽 또는 양쪽이 분노나 억울함을 드러냈다고 칩시다. 이는 과거 비슷한 상황에서 대화가 싸움으로 번지며 상처와 실망, 좌절이 발생했음을 의미합니다. 그 갈등이 제대로 풀리지 않았다면 비판이 더해지면서 점점 원망과 분노로 바뀌었을 가능성이 큽니다. 그래서 비슷한 상황이 발생한 지금 누가 입을 열기도 전에 분노가 앞장서는 것이죠.

바람직한 쪽으로 방향을 바꾸려면 흐트러진 균형을 바로잡아야 합니다. 상황 자체를 재조건화해서 감정 반응의 방향과 강도를 정상으로 돌려놓을 필요가 있죠. 방법은 여러 가지지만, 긍정적인 감정을 불러일으키는 일정한 장소(물리적 위치) 또는 구체적이고 손으로 만질 수 있는 사물을 정하는 것이 가장 효과적입니다.

관계 회복을 위한 충전소 만들기

집 안에서 편안한 장소를 한 군데 찾으세요. 부정적인 감정을 불러일으키지 않아야 하므로 전에 싸운 적이 있는 곳이나 속상할 때 틀어박히는 곳은 안 됩니다. 차분하고 편안하며 평화로운 느낌이 드는 곳을 고르세요. 방 전체도 괜찮지만, 마음에 드는 의자나 햇빛이 잘 드는 창가 자리, 냉난방이 잘 되는 곳에 놓은 쿠션이나 방석 하나라도 상관없습니다. 정했다면 매일 그 자리에 가서 몇 분 동안 상대방이 내게 얼마나 중요한지, 내가 그 사람을 얼마나 사랑하는지 가만히 되새겨 보세요. 어느 정도 시간이 지나면 이 장소는 그 사람을 향한 따스하고 애정 어린 감정과 연결됩니다.

이제 이곳이 당신의 관계 회복 장소입니다. 다시 말해 조건화를 활용해서 상대방과의 행복한 관계와 연애 생활을 위해 에너지를 채우는 충전소를 마련한 것이죠. 속상한 마음을 달랠 때는 다른 장소를 찾으세요. 이 장소는 사랑하는 사람을 애정 어린 방식으로 떠올리기 위한 목적 단 한 가지만을 가진 장소니까요.

'충전'이란 개념이 원래 그렇듯, 에너지가 저장되어 있어야 가서 충전할 수 있습니다. 평소에 이 장소에서 상대방을 향한 관심과 애정을 곱씹는 습관을 들여 뒀다면 걱정되는 대화를 나누기 직전에 여기서 간단히 재충전할 수 있습니다. 마음 깊은 곳에 분명히 존재하되 갈등이 한창일 때는 가려지기 쉬운, 중요하고 소중한 것들이 그곳에 가기만 해도 저절로 떠오를 테니까요. 이 장소는 분노라는 그늘에 가려졌던 마음에 밝은 빛을 비추는 것과 같습니다. 사랑과 신뢰는 이미 당신 마음속에 있으니, 그 존재감과 중요성을 깨닫기 위해서는 빛을 비추고 가만히 들여다보기만 하면 됩니다.

관계의 증표 만들기

특정 장소에 만든 관계 충전소와 비슷하게 감정과 생각을 불러일으키는 사물을 마련하는 방법도 있습니다. 스크랩북이나 앨

범도 좋고, 작은 상자여도 상관없습니다. 이 스크랩북이나 상자에는 보기만 해도 사랑하는 사람, 그와의 관계, 함께했던 행복한 경험이 즉시 떠오르는 물건을 담으세요.

데이트나 해외여행 중에 찍은 사진을 추천합니다. 아니면 함께 갔던 콘서트 표, 비행기나 기차나 배 탑승권, 추억이 담긴 기념품, 상대방의 어린 시절 사진, 커플링, 같이 먹은 포천쿠키에서 나온 운세 쪽지, 그 사람이 그려 준 그림, 생일 카드, 상대가 사랑한다고 쓴 편지나 이메일이나 포스트잇 쪽지도 괜찮습니다. 두려움과 상처, 분노 대신 애정과 관계를 소중히 여기는 마음을 불러일으키는 것이면 뭐든 좋습니다.

관계 충전소와 마찬가지로 이 관계의 증표 만들기에도 연습과 관심이 필요합니다. 이 또한 오직 바람직하고 균형 잡힌 상태로 마음의 방향을 바꾸기 위한 것임을 잊지 마세요. 한 번에 몇 분씩 꾸준히, 가능하다면 매일 이 증표를 들여다보며 사랑하는 사람에게 관심을 쏟는 연습을 반복하세요.

그럴수록 이 물건들에는 부정적인 흥분을 가라앉히고 현재에 집중해서 따스한 애정과 신뢰를 떠올리게 하는 강력한 힘이 생겨납니다. 시간이 지날수록 이 관계의 증표는 사랑하는 이를 향한 진심과 진정한 자신을 되찾고, 관계에서 바라는 바를 이루도록 도울 겁니다.

이처럼 장소나 물건을 조건화하고 나면 지난 몇 달 혹은 몇 년간 진행된 부정적인 조건화를 멈출 유용한 도구가 생긴 셈입니다. 이 도구는 다양하게 활용할 수 있죠.

우선 불쑥불쑥 나타나는 조건화된 부정적인 감정을 다스리기 위해 매일 꾸준히 활용하는 방법이 있습니다. 매일 몇 분간 관계 충전소에 머무르거나 증표를 들여다보면 상대방을 향한 사랑과 신뢰는 물론 나를 향한 상대의 사랑과 신뢰가 한층 강하고 구체적으로 느껴질 겁니다. 그러다 보면 힘든 상황이 벌어져도 관계에서 진정으로 바라는 소망을 잊고 통제를 벗어날 확률이 대폭 낮아집니다. 불안을 느끼며 무작정 빠르게 반응하던 것이 줄어들고 부정적인 조건화도 어느 정도 해제된 상태로 대화를 나눌 수 있게 되죠.

또는 불편한 상황을 맞이하기 몇 분 전에 의식적으로 도구를 활용하는 방법도 있습니다. 평일에 결혼식장 투어를 가는 일로 이미 여러 번 싸우며 부정적인 감정이 쌓인 상태인데, 오늘 또 그 이야기를 나눠야 한다고 합시다. 이럴 때는 미리 충전소에 가거나 증표를 꺼내서 상황을 개선하겠다는 다짐, 상대방을 향한 사랑, 갈등 상황에서도 상대방이 나를 사랑한다는 믿음에 관심의 빛을 비추면서 마음을 다잡으면 됩니다.

함께 있는 시간이
즐거워지는 방법

관계에서 스트레스를 받은 연인들은 외로우면서도 서로 등을 돌립니다. 이런 거리두기는 신체, 감정, 언어, 인식은 물론 생물학적 방식(약물이나 술을 통해)으로도 관계의 모든 영역에서 나타나죠. 하지만 대부분은 관심이 어디에 있느냐에 따라 달라지는, 마음속에서 일어나는 일이므로 간과하기 쉽습니다. 따라서 진심으로 함께하기를 원한다면 물리적으로 같이 있는 시간을 늘리는 것도 좋지만, 뭔가를 함께 하든 아니든 같은 공간에 있을 때든 아니든 마음으로 함께하는 것이 더욱 중요합니다.

사랑에 쏟을 마음의 여유 만들기

진심으로 함께하기의 핵심은 비판적이지 않은 태도로, 관계에서 즐겁고 편안하고 만족스러운 부분에 관심과 인식을 집중하는 것입니다. 사람들은 그냥 관심을 쏟지 않음으로써 마음에 들지 않는 것을 무시하고 회피하기도 합니다. 하지만 회피에는 엄청난 대가가 따릅니다. 약물 중독과 비슷하게 회피에도 점점 더 강한 자극과 더 큰 노력이 필요해지거든요. 불편함을 피하는 '해결책'이었던 회피가 원래 문제보다 더 심각한 문제로 변하고 마는 것이죠. 자기가 느끼는 고통(또는 고통스러울지 모른다는 불안)에서 벗어나려고 더 자극적인 흥밋거리, 더 큰 소음, 더 정신없는 게임, 더 강렬한 체험, 더 시끄러운 광고 등등에 매달리게 되는 식입니다. 그러다 보면 평화와 고요를 누릴 틈이 없고, 그다지 중요하지 않은 일에 정신을 팔수록 삶의 질은 점점 떨어집니다. 자신에게 정말로 의미 있고 중요한 일에 투자할 시간이 줄어들기 때문이죠.

당신이 정말로 중요한 일에 관심을 쏟지 못하게 방해하는 것들이 있나요? 자기 삶을 한번 찬찬히 살펴보세요. 당신이 주로 쓰는 회피 수단은 무엇이며, 거기에는 어떤 대가가 따르나요? 사랑하는 사람과 진심으로 함께하고 싶다면 TV를 끄거나(하룻저녁 정도, 아니면 일주일 이상) 전자기기 사용을 확 줄이는 방법을 고려해 보세요. 술과 담배가 자기 삶에 집중하는 데 걸림돌이 된다면 최소한 어떤 변화가 생기는지 알아볼 동안만이라도 금주나 금연을 고려해 보세요.

이런 것들이 언제나 나쁘다는 말이 절대 아닙니다. 하지만 그저 기분 좋게 긴장을 풀어 주던 것들이 상황에 따라서는 나쁜 버릇으로 변질되기도 하고, 삶 자체를 산만하게 만든다는 점이 문제입니다. 그러면 자기 자신과 사랑하는 사람이 함께하는 삶 자체에 관심을 쏟을 수 없게 되니까요.

적극적으로 함께하기

　관계에 불만이 많고 자주 싸우는 연인들도 대개 많은 시간을 함께 보냅니다. 하지만 그동안 딱히 상호작용을 하지는 않습니다. 더욱이 상대방에게 중립적이거나 긍정적인 관심을 쏟지도 않죠. 이런 상태가 바로 '수동적 함께하기'입니다. 실제로 함께 산책하거나, 같이 TV를 보거나, 동시에 같은 식탁에 앉아서 저녁을 먹는 등 특정 활동을 같이 하면서도 서로 딴생각을 하고 상대방에게 전혀 신경을 쓰지 않습니다. 그저 수동적으로 같이 있을 뿐이죠. 이런 수동적 함께하기 자체가 직접 문제를 일으키지는 않습니다. 하지만 그렇게 시간을 보내면 외로움을 달래고, 부정적인 반응을 줄이고, 친밀감과 애정을 키울 소중한 기회가 날아가는 셈입니다.

　특히 두 사람이 다툰 직후에는 수동적 함께하기가 위험할 수 있습니다. 각자 마음속으로 상대가 전에 했던 부정적인 행동을 하나씩 곱씹거나 앞으로 보일 반응을 상상하면서 상대를 비판하다 보면 더 기분이 상하기 마련이죠. 그러다 결국 상대방이 무슨 낌새만 보여도 냅다 물어뜯을 준비에 들어갑니다. 이런 과도한 경계 태세는 습관으로 굳어지기 쉽고, 그러면 삶 자체가 피곤해집니다.

　이와 달리 무언가를 같이 하든 아니든 가까이 있을 때 상대방의 존재를 인식하고 그 사람이 뭘 하는지 관찰하면 심리적 거리를 좁힐 수 있습니다. 이 연습을 하다 보면 스트레스가 줄어들고 정서적 분위기가 풀리며, 갑작스레 싸움이 벌어질 위험도 거의 사라집니다.

어떤 상황에서든 사랑하는 사람과 같은 공간에 있다면 상대에게 관심 쏟기, 비판 없이 관찰하기 등 첫 번째 수업에서 배운 마음챙김 기법을 활용해 보세요. 핵심은 판단하거나 해석하지 않고, 상대를 비판하지도 않고, 내가 원하는 대로 하지 '않는' 상대의 행동을 좇느라 시간과 에너지를 쏟지 않는 것입니다.

당신이 아침에 나갈 준비를 하는 동안 상대가 샤워하고 있다고 치죠. 그러면 그냥 그 사람이 내 근처에서 하루를 준비하고 있다는 데 잠시 주목하면 됩니다. 머릿속으로는 묘사에 관련된 단어만 떠올리세요. "내가 옷을 입는 동안 그 사람은 샤워를 하고 있구나." 두 사람이 오늘 하루, 삶 자체를 함께하고 있다는 사실을 마음에 담으세요. 아니면 당신이 신문을 읽는 동안 상대는 TV를 보거나, 책을 읽거나, 설거지를 하고 있을 수도 있죠. 이번에도 관찰하고 묘사하세요. "내가 신문을 읽는 동안 저쪽에 앉아서 웃으면서/집중해서/지루한 표정으로 TV를 보고 있구나."

자기도 모르게 상대를 향한 불만(또는 상대가 내게 불만을 품을지 모른다는 걱정이나 억울함)이 떠오를 때는 마음을 다잡고 지금 일어나는 일, 상대방이 실제로 하는 행동 쪽으로 관심을 돌리면 됩니다. 관찰과 묘사에만 초점을 맞추세요. 비판 '없이' 좀 더 관심을 쏟는 연습만으로도 적극적으로 함께하는 상태에 한결 가까워집니다.

'적극적 함께하기'란 같은 감정적 공간을 공유하는 것, 잠시나마 비판을 내려놓고 상대방과 함께 있는 순간을 진심으로 음미하거나 즐기는 것을 가리킵니다. 뭔가를 하거나 무슨 말을 해야 한다는 부담을 느낄 필요는 전혀 없습니다. 그저 자기가 하던 일을 하되, 동시에 사랑하는 사람이 당신 곁에서 삶을 살아가고 있음을 분명하게 인식하기만 하면 됩니다.

연습

1. 긴장을 풀고, 일상생활 중 부담을 느끼는 순간에 벗어나고자 종종 하는 활동을 쭉 적으세요. 그런 다음 각 항목을 꼼꼼히 따져 봅니다. 이 스트레스 해소법들을 적절히 사용 중인가요, 아니면 남용하고 있나요? 이 방법들은 삶을 온전하게 누리는 데 도움이 되나요, 방해가 되나요? 삶에 집중하는 데 걸림돌이 되는 활동이나 습관이 있다면 줄이는 데 전념하세요. 삶에서 벗어나는 것이 아니라 삶을 풍성하게 하는 데 도움이 되는 스트레스 해소

법을 찾아보세요.

2   사랑하는 사람과 식사를 하게 되면 그 사람이 자리에 앉아 당신과 함께 음식을 먹고 있다는 사실을 몇 분마다 의식적으로 상기하세요.

3   상대방보다 늦게 잠들거나 일찍 잠에서 깨면 두 사람이 한 침대에 누워 같은 이불을 덮고 체온을 나누고 있다는 사실에 주목해 보세요. 한 침대에 누워 있다는 것이(몸이 전혀 닿지 않아도) 같은 침대에서 혼자 잘 때와 무엇이 다른지 느껴 보세요.

4   두 사람이 같은 공간에서 따로 뭔가를(청소나 빨래, 게임, 친구와의 통화, 독서 등) 하고 있을 때 잠깐 상대방의 존재를 느껴 보세요. 상대가 뭘 하는지 관찰하고, 두 사람이 삶을 공유하고 있음에 주목하세요.

5   사랑하는 사람에게 관심을 쏟을 만한 다른 기회를 스스로 찾아보세요. 당신이 상대방을 신경 쓰지 않을 때는 주로 언제인가요? 그럴 때 상대방을 인식하고 묘사하는 연습을 해 보세요.

어떤 상황에서도 상대가 한 일을 인정해 주기

데이트, 여행 계획, 친구 소개, 결혼 준비, 성생활 등 커플이 뭔가를 함께 해야 하는 상황은 수없이 많습니다. 이런 상황에는 대부분 협상과 대화가 필요한데, 예전에 같은 일로 갈등이 있었다면 불안해지기 쉽죠.

갈등 상황에서 사람들은 전투 모드를 기본으로 움직입니다. 상대방이 발을 헛디디기만을 기다리다가 잽싸게 공격에 나설 준비를 하죠. 가끔은 갈등을 회피하고자 지레 백기를 들고 자기가 원하는 것을 포기해 버릴 때도 있습니다. 그러면 상대방 뜻대로만 됐다는 억울함이 오래 남습니다. 이건 진정으로 함께하는 것이 아니죠.

키샤와 워런은 결혼 준비로 자주 싸우는 커플이었습니다. 말다툼할 때마다 서로 상대방이 우는소리를 하며 빠져나가고 자신에게 일을 떠넘긴다고 생각했죠. 그러다 보면 머리끝까지 화가 날 때가 많았고, 가끔은 길가에서도 언성을 높였습니다. 이런 격한 싸움이 끊이지 않자 두 사람은 또 싸우게 될까 봐 겁이 나서 서로 피하는 지경에 이르렀습니다.

마지못해 결혼을 준비하는 과정 내내 이런 생각에 억울해했습니다. '이걸 왜 내가 해야 하는데? 진작 자기가 했어야지.' 물론 각자 자기가 한 부분만 생각하고 상대가 한 일은 신경 쓰지 않았죠. 키샤는 청첩장에 들어갈 문구를 고민하면서 이렇게 생각합니다. '이런 자잘한 일은 항상 내 몫이지. 워런이 하는 꼴을 못 봤어. 정말 불공평해.' 워런은 신혼여행 항공권을 알아보며 이런 생각을 합니다. '미리 알아봐야 더 합리적인 가격에 예약할 수 있는데, 키샤는 생전 미리미리 하는 법이 없지. 정말 불공평해.' 당연하게도 둘 다 상대방이 애써 한 일을 감사하게 여기거나 말로 인정해주기는커녕 알아주지도 않았습니다.

그러던 어느 날 친구들과 함께한 저녁 모임이 끝나고 나서 뒷정리할 때가 되자, 키샤는 '나중에 치우지'라고 생각하며 쏙 빠져서 혼자 쉬려고 했습니다. 그러자 워런은 상대방이 게으르다고 생각했죠. 결국 정리하다 말고 또 싸움이 벌어졌고, 서로 '게으르다'든가 '급하다'라는 전형적인 비난을 퍼부었습니다. 그 상처와 부정적인 감정은 다른 일에까지 악영향을 미쳤습니다.

지난 갈등에서 남은 앙금과 비판을 배제하고 섣불리 반응하지 않기란 쉬운 일이 아닙니다. 하지만 두려움과 억울함을 없애고 화해하려면 이는 꼭 필요한 기술입니다. 협상이 필요하고 갈등이 예상되는 상황에서도 현재를 함께할 방법을 찾아야 한다는 뜻이죠. 이를 위해서는 두 사람이 서로를 적이나 맞수가 아니라 동반자이자 한 팀으로 생각해야 합니다. 자신과 상대방을 '너와 나'가 아니라 '우리'로 인식하는 습관을 들여야 하는 것입니다.

어떤 문제가 있는 상황에서든 가장 먼저 할 일은 두 사람이 각자 무엇을 하고 있으며 지금 어떤 상황인지 정확히 파악하는 것입니다. 먼저 상황 자체를 묘사한 다음, 자신의 내면(생각, 평온한 정도, 감정, 감각)을 관찰하고 묘사하세요. 그런 다음 상대방을 관찰하고 묘사합니다. 지금 상대방은 어떤 자세를 하고 있나요? 표정은 어떤가요? 두 사람이 지금 뭔가를 함께 하고 있다는 사실에 주목하세요.

예전에도 비슷한 갈등이 생긴 적 있다면, 내가 지금 불안을 느끼고 있으며 상대방 또한 내 감정을 눈치챘으리라는(본인은 의식하지 못하거나 인정하지 않을지라도) 점을 받아들이세요. 크게 심호흡하고, 지나간 갈등의 영향에서 벗어나면 상황이 더 잘 풀릴 거라는 사실을 떠올립니다. 걱정을 내려놓으세요. 일어날 수 있는 최악의 사태라고 해 봤자 한 번 더 싸우는 것뿐이며, 유쾌하지는 않더라도 하늘이 무너지는 건 아닙니다. 내가 불안해하지 않고 지금 여기, 현재에 충실하면 싸움이 벌어질 가능성이 줄어든다는 데 초점을 맞추면 됩니다.

워런과 키샤가 이제 막 저녁 모임을 마쳤다고 해 봅시다. 하지만 이번에는 둘 다 이번 수업의 내용을 읽은 뒤였죠. 식탁 위의 접시들을 싱크대로 옮기던 워런은 문득 불안을 느끼고 이런 생각을 합니다. '어차피 또 키샤는 뒷정리를 나한테 몽땅 떠넘기겠지. 정말 불공평해.' 하지만 이런 생각을 금세 알아차려 자신을 다잡고 나니 느리게나마 식탁을 치우고 있는 키샤가 눈에 들어옵니다. 그래서 지금만이라도 과거는 묻어 두고 현재에 집중해 보기로 마음먹죠.

가만히 관찰하니 키샤는 피곤해 보이네요. 그런데도 컵과 접시를 싱크대로 나르고 있습니다. 그리고 자신이 막 도착한 친구들에게 음료를 따라 주며 담소를 나누는 동안 키샤 혼자 음식을 만들었다는 사실이 떠오릅니다. 맛있는 요리를 준비하고 피곤한데도 식탁을 치우는 키샤가 고맙다는 생각마저 듭니다. 치우는 손은 자신이 더 빠르지만, 아마 키샤가 훨씬 피곤할 테지요. 새삼 키샤가 참 예쁘고 매력적으로 보입니다. 워런은 식탁에서 접시를 챙겨 오는 키샤에게 겸연쩍은 미소를 짓습니다. 뜻밖에도 키샤는 함께 있어서 좋다는 듯이 편안한 표정으로 마주 웃어 줍니다.

친구들이 돌아간 뒤 사실 키샤는 함께 뒷정리하는 것을 피하려고 화장실에 틀어박히고 싶은 심정이었습니다. 치우기 싫어서는 아니었습니다. 이런 상황에서는 으레 싸움이 벌어졌고, 이제는 지칠 대로 지쳐서 더는 싸우고 싶지 않았죠. 이내 이런 생각이 들었습니다. '항상 집안일은 내 차지인 게 너무 억울해. 워런이 아무것도 안 하고 노는 동안 나 혼자 요리했으니까 이제 좀 앉아서 쉴 자격이 있잖아.'

하지만 곧 함께 있을 때는 '진심으로 함께하겠다'고 다짐했다는 사실이 떠오릅니다. 그래서 그냥 워런을 관찰하며 함께 뒷

정리를 하기로 마음먹죠. 그러다 문득 친구들이 도착하기 직전에 워런이 거실을 청소했고(그래서 한결 깔끔해 보였죠), 자기가 요리하는 동안 친구들에게 음료와 전채를 내갔다는 데 생각이 미칩니다. 정리를 시작한 워런을 바라보니 조금 부루퉁하고 신경이 날카로워 보이네요. 그래도 일단 효율적으로 설거짓감을 겹쳐 나르고, 세제를 푼 온수에 담그고, 다시 그릇을 챙기러 부지런히 식탁과 싱크대 사이를 오갔습니다.

두어 번 더 왕복하자 워런의 긴장이 풀리는 게 보입니다. 자신도 정리에 참여하다 보니 한 팀으로 일하고 있다는 생각에 워런과 가까워진 느낌이 듭니다. 서로 아무 말 하지 않았는데도 자신에게 미소 짓는 워런을 보니 마음이 풀어집니다. 마침내 워런에게 마주 미소 지으니 불안도 가시고, 솔직히 모임 도중보다 훨씬 가까워진 기분입니다.

특정 활동을 함께할 때는 현재에만 관심을 쏟으세요. 당신은 뭘 하고 있나요? 상대방은 뭘 하는 중인가요? 상황 묘사에만 집중하면서 비판이나 판단 같은 다른 생각이 떠오르면 즉시 접으세요. 따스한 느낌이 들거든 거기 주목하세요. 부정적인 감정이 올라오거나 생각이 비판 또는 걱정 쪽으로 흘러간다면 다시 관심을 돌려서 나와 상대방, 두 사람이 함께하는 활동을 관찰하고 묘사하는 데 집중하면 됩니다. 이 과정을 필요한 만큼 반복하세요!

자연스럽게 가능해지기까지는 시간이 필요하지만, 두 사람이 무언가를 함께 해내야 할 때 싸우지 않고 흥분하는 일 없이 진정으로 함께할 가능성을 크게 높여 줍니다. 미리 상상으로 연습해 둘 수도 있죠. 해당 활동을 하기 '전에' 마음속으로 관찰하고 묘사하는 예행연습을 해서 미리 마음의 준비를 마치세요. 물론 앞서 다룬 관계 충전소 또는 관계 증표와 이 기술을 조합해서 활용해도 됩니다.

연습

1. 최근에 싸움으로 이어졌던 까다로운 상황 하나를 떠올려 보세요. 마음속으로 그 상황을 재구성해서 쭉 따라가되, 이번 수업에서 배운 기술을 접목합니다. 예전 갈등에서 나온 판단이나 생각은 떨쳐 버리고 그 순간에 집중하며, 상대방에게 관심을 기울이고 행동을 묘사하세요. 두 사람이 뭔가를 함께 한다는 사실 자체에 주목하세요. 마음속으로 상황을 수월하게 넘길 수 있게 될 때까지 이 기술을 반복해서 연습합니다.

2. 이제 당신이 약간 걱정스럽게 여기는 실제 상황에서 함께하는 연습을 시도합니다. 비판 없이 주목하고 묘사하는 마음챙김을 계속 상기하세요. 반복해서 연습합니다.

3   마지막으로 아주 까다로운 상황에서 같은 기술을 활용해 '진정으로 함께하기'를 연습합니다. 비판이나 분노, 두려움, 기타 부정적인 감정으로 흐르면 길을 벗어났음을 인식하고 심호흡한 다음 다시 시작하면 됩니다.

즐거운 순간을 즐기기

해결되지 않은 갈등이 있지만 즐거운 상황, 또는 조금만 다르게 접근하면 즐거워질 수 있는 순간도 있습니다. 갈등이 많은 연인들은 유쾌하고, 즐겁고, 심지어 아주 신나는 상황조차 온전히 즐기지 못하는 경향이 있습니다. 하지만 이럴 때야말로 같이 있는 순간에 더더욱 진정으로 집중해야 합니다.

이때도 똑같은 원칙과 기술이 적용되지만, 오히려 갈등이 없으면 이 기술을 활용하려는 생각 자체를 떠올리기가 어렵습니다. 그럼에도 즐거운 일을 진심으로 함께하는 것은 더 재미있고, 더 즐겁고, 마음에 더 오래 남으므로 노력해 볼 가치가 있죠. 여기에서 말하는 즐거운 상황이란 재미있는 레저 활동은 물론 지인들과 함께 보내는 시간, 요리나 게임처럼 함께하기 좋은 활동, 손잡기, 입맞춤, 포옹, 사랑 나누기, 재미있는 주제로 대화하기, 여행 계획

세우기 등 즐거운 일이면 뭐든 포함됩니다. 함께 경험하고 현재에 충실할수록, 지금 하는 일에 관심과 의식을 집중할수록 더 즐거워지는 활동들이죠.

이번에도 핵심은 지금 상황에 온전히 집중하는 것입니다. 걱정이나 어색함, 자신이나 상대방을 향한 비판이 머릿속에 남아 있다면 훌훌 털어 버리세요. 즐거운 상황 자체에 집중하면서 내가 느끼는 감정, 상대방의 반응, 그리고 두 사람이 상호작용하는 방식에 면밀한 관심을 기울이세요. 좋은 기분에 한껏 빠져 보세요. 감정을 억누르지 말고, '생각'하려 들지도 마세요. 그저 느끼고, 즐기고, 마음에 새기고, 감정과 활동을 온몸으로 경험하세요. 그리고 최대한 자주 반복하세요!

마지막으로, 연인끼리 같이 있지 않을 때도 서로를 마음에 담아 두는 것은 중요합니다. 함께 있지 않아도 매일 때때로 상대방을 떠올릴 필요가 있다는 뜻이죠. 상대방에게서 좋아하거나, 고맙게 여기거나, 존경하거나, 친밀감을 느끼거나, 소중히 여기는 점에 의식을 집중하세요.

(연습)

1   하루 중 상대방과 함께 있지 않을 때 당신이 그 사람에게서 특히 좋아하고 소중히 여기는 점을 떠올리면서 애정을 느껴 보세요. 그 사람과 내 감정에 온전히 집중합니다. 1~2분 휘에 다시 하던 일로 돌아가세요. 이렇게 매일 짧게 여러 번 연습합니다.

2   실제로 상대와 함께 있을 때도 긍정적인 감정이 느껴지면 그 감정에 온 신경을 집중하세요. 그런 다음 상대방 쪽으로 초점을 옮겼다가 다시 감정 쪽으로 돌아갑니다. 이렇게 계속 양쪽을 오가며 어떤 변화가 일어나는지 살펴보세요.

3   두 사람의 마음이 가까워질 소소한 기회를 스스로 마련해 보세요. 손잡기, 코 맞대기, 식사 후 산책처럼 어렵게 시간을 내거나 준비할 필요 없이 일상적으로 할 만한 일을 몇 가지 고릅니다. 함께하는 시간을 즐기며 가만히 집중하세요. 사랑하는 사람과 함께 이야기를 나누고, 맛있는 걸 먹고, 손을 잡고, 사랑을 나누고, 노을을 바라보는 데 온 마음을 쏟는 것보다 더 좋은 일은 없을 테니까요.

네 번째 수업

서로를 오해하지 않는
말하기

연인관계에서는 굳이 말하지 않아도 상대의 기분이나 상태가 어떤지 알아채기도 합니다. 사실 의사소통에는 언어뿐 아니라 수많은 비언어적 요소도 포함되기 때문입니다. 가령 표정만 해도 엄청나게 많은 정보를 전달하죠. 얼굴 근육이 얼마나 긴장됐는지, 입꼬리가 얼마나 올라갔는지, 눈을 얼마나 크게 떴는지, 눈썹 각도나 미간 주름은 어떤지, 어디를 얼마나 뚫어지게 쳐다보는지, 콧방울이 얼마나 넓어졌는지 등을 보면 많은 것을 알 수 있습니다.

이런 표정을 포함하여 근육 긴장도(딱딱하게 굳었는지 느슨하게 풀렸는지), 자세(몸을 앞으로 기울였는지 뒤로 기댔는지), 팔다리 위치(팔짱을 끼거나, 다리를 꼬았는지 벌렸는지 오므렸는지), 움직임(몸을 움찔거리는지 가만히 있는지), 호흡(편안한지 거친지, 한숨을 쉬는지) 등 감정 상태와 흥분도를 암시하는 태도나 행동 모두를 아울러 신체언어라고 합니다.

작은 행동거지 하나로 숨어 있던 감정이나 아주 희미한 비판, 또는 적대감이 드러나기도 합니다. 하지만 문제는 진심과 다른 오해를 부를 수도 있다는 점입니다. 예를 하나 살펴보죠. 밥은 여자 친구인 수에게 할 이야기가 있지만 꽤 민감한 주제라서 걱정이 됐습니다. 하지만 일단 걱정을 감추고 짐짓 태연하게 얘기를 꺼냈죠. 수는 곧장 남자 친구가 뭔가를 '숨기고' 있음을 감지하고 "나를 속이려 한다"며 밥을 비난합니다. 밥은 입을 열기도 전에 자기 뜻을 정확히 표현하는 데 실패한 것이죠.

물론 수 또한 밥의 걱정과 좋은 의도를 인정해 주지 않았습니다. 수에게 인정받지 못한 밥은 감정적으로 흥분했고, 그럴수록 자신의 감정과 진정으로 원하는 목표를 정확히 표현하지 못했습니다. 이러면 더 큰 오해와 갈등이 생겨나 악순환이 시작되죠.

오해 없이 대화하려면 두 단계가 필요합니다. 첫 번째 단계는 자기 뜻을 정확히 표현하는 것이고, 두 번째 단계는 귀 기울여 듣고 수용하는 것이죠. 이 과정은 두 스텝으로 이루어진 춤처럼 한쪽이 리드하고(표현하기) 다른 한쪽이 따라가며(수용하기) 계속 이어집니다. 물론 어느 쪽이 리드하고 어느 쪽이 따라가는지는 수시로 바뀌고요. 이 두 단계는 효과적인 대화의 기본 구성 요소입니다.

표현이 정확하면 상대방이 이해하고 수용하기(더불어 이해했다는 사실을 표현하기)도 쉬워집니다. 그리고 상대방이 차분히 듣고 인정해 주면 감정적으로 흥분할 일이 없어져서 하고 싶은 말을 더 정확히 표현할 수 있게 됩니다. 이번 수업에서는 첫 번째 단계인 정확한 표현에 초점을 맞추며, 두 번째 단계인 인정하기는 다음 다섯 번째 수업에서 자세히 다룰 예정입니다. 또한, 책 후반부에서는 다양한 상황에서 활용할 수 있도록 이 두 단계를 더 상세히 쪼개서 살펴봅니다.

솔직한 대화를 위한 준비 단계

효율적이고 정확한 표현으로 가는 길은 마음챙김에서 시작됩니다. 먼저 내 감정을 마음챙김하고, 비난과 부정적인 추측은 내려놓고, 현재 상황과 눈앞에 있는 상대에게 집중하세요. 관계의 목표를 떠올리고, 이 사람은 나와 서로 사랑하는 사이임을 인식하세요. 대화 주제가 아무리 까다로워도 이런 기법을 능숙히 활용하면 훨씬 나은 결과를 얻을 수 있습니다.

자신이 너무 흥분했다는 생각이 들면 대화를 시작하기 전에 잠시 시간을 두고 감정을 가라앉히는 것이 바람직합니다. 머릿속에 비판이 마구 떠오르거나("그 사람은 논리밖에 몰라" "너무 감정적으로 굴어" "그건 말이 안 되잖아" "왜 그렇게 바보 같은지/무신경한지/고집을 부리는지 모르겠네" 등), 뭔가를 하거나 하지 말아야 한다는 생각이 자꾸 든다면("사람이 그 정도는 알아야지" "그딴 식으로 생각하면 안 되지" "내가 이러면 안 되는데" 등) 배웠던 기법을 꺼내야 할 때입니다. 당신이 진심으로 원하는 목표로 주의를 돌리고, 자기 감정과 욕구를 묘사하면서 평정심을 되찾을 때까지 기다린 다음 대화를 시작하세요.

부정적인 감정을 무작정 감추려 하는 것보다는 흥분을 가라앉히고 자신의 감정을 받아들여서 표정이나 말투에 드러나지 않도록 하는 편이 훨씬 낫습니다. 상대를 향한 적대감이나 비판이든, 단지 자신의 강렬한 불안이나 슬픔이든 방법은 똑같습니다. 대화를 시도하기 전에 마음을 가라앉히고 평정을 되찾고 나면 몇 분 투자하기를 백번 잘했다고 생각하게 될 겁니다.

화장실을 연습실로 활용하기

목표를 떠올리고, 흥분을 가라앉히고, 표정이나 자세를 가다듬으면서 반응 속도를 늦추려면 몇 분 정도 시간이 필요합니다. 이렇게 집중하는 동안 연인이나 반려동물이 불쑥 끼어들면 연습에 전념하기가 어려워지죠. 그럴 때는 방법이 있습니다. 사람은 누구나 하루에 몇 번씩, 몇 분 동안 화장실에 갑니다. 그 말은 곧 화장실이 완벽한 연습 장소라는 뜻입니다. 누구든 당신이 잠깐 화장실에 간다고 하면 그러려니 할 테고, 이유를 캐묻지는 않을 겁니다. 그러니 방해받지 않고 자신의 마음을 들여다보며 감정 조절을 연습할 수 있고, 건설적인 대화를 할 준비를 갖추기 딱 좋습니다. 게다가 화장실에는 보통 거울이 있어서 표정이 어떤지, 얼굴과 몸이 얼마나 긴장했는지 바로 확인하기에도 안성맞춤입니다.

당장 무슨 일이 없더라도 화장실에 갈 때마다 일일 연습을 하는 것도 좋습니다. 자기 모습과 감정 상태를 확인하고, 지금 내가 뭘 하고 있으며 현명하게 행동하고 있는지, 마음의 균형을 잡으려면 어떻게 해야 할지 점검해 보세요. 나에게 관심을 쏟으며 호흡하는 것부터 시작해서 현재에 집중하고, 비판적 사고를 내려놓으세요.

연습

1. 대화에 앞서 자신을 점검하는 연습을 하세요. 표정이나 자세가 자신의 감정, 즉 진심을 드러내는지 찬찬히 관찰합니다.

2. 세 번째 수업에서 연습했던 조건화 기법을 활용합니다. 그다지 예민하지 않은 주제를 다룰 예정이어도 대화를

· 시작하기 전에 관계 증표를 꺼내거나 관계 충전소에 가서 흥분을 가라앉히는 연습을 해 보세요.

3. 편안하게 긴장을 푼 다음 표정과 자세에서 당신의 진짜 감정과 욕구가 드러나게 해 보세요. 큰 거울로 자기 모습을 비춰 보면서 흥분도가 낮을 때와 높을 때 표정과 자세에서 드러나는 비언어적 표현에 어떤 차이가 있는지 확인하세요. 판단하지 말고 관찰만 하면 됩니다.

4. 짧게 휴식을 취하면서(화장실을 활용해도 좋습니다) 부정적인 감정에 브레이크를 거는 법을 연습하세요. 일상적인 대화를 시작하기 전에도 현재 자신의 감정을 온전히 받아들여 인정해 보세요.

5. 며칠간 화장실에 갈 때마다 연습해 보세요. 어떤 변화가 생겼나요? 괜찮다면 매일 꾸준히 시도해 보는 것도 좋습니다.

자신의 소망과 감정 파악하기

마음의 긴장이 풀리고 나면 스스로 질문이 가능해집니다. "내가 정말 바라는 건 뭘까?" "지금 나는 어떤 감정을 느끼고 있을까?"라는 물음에 답을 얻을 수 있게 되죠. 늘 명확한 답이 나오는 것은 아니지만, 그렇더라도 한 번쯤은 짚고 넘어가야 할 질문입니다.

상대에게 정확한 표현을 하기 위해서는 우선 내가 진심으로 생각하고, 느끼고, 바라는 것이 무엇인지 알아내야 합니다. 잠시 호흡을 고르고, 주변을 둘러보며 지금 이 순간 나를 위협하는 위험은 없음을 확인합니다. 그리고 당신이 상대방을 사랑하며 그 사람도 당신을 사랑한다는 사실을 떠올리세요. 당신이 바라는 것은 따뜻하고 애정 넘치고 서로 지지하는 관계라는 점에 주목하세요. 두렵고, 슬프고, 답답하고, 당혹스럽고, 마음이 무거운 순간에도 이 점은 변하지 않는 진실입니다(적어도 이 책을 여기까지 읽은 당신에게는).

안전한 상태임을 확인하고 관계를 개선하고 싶다는 마음을 떠올리고 나면 앞의 두 질문에 대답할 준비가 된 것입니다. 자기 내면의 소리에 집중하면 어느 정도 답이 나오기 마련입니다. 소망이나 감정을 정확히 알아내지 못하더라도 최소한 내가 잘 모른다는 것, 조금 혼란스러우며 스스로 정리가 될 때까지 시간이 더 필요하다는 사실은 파악할 수 있고요. 그러고 나면 비로소 당신이 얻은 답을 기반으로 대화를 시작할 수 있게 됩니다.

이제 본격적으로 옥석을 가리는 방법, 즉 감정과 욕구를 더욱 정확히 구분하는 법을 배워 봅니다. 더불어 자신의 감정과 욕구를 착각하거나 제대로 전달하지 못하게 방해하는 함정을 피하는 방법도 함께 알아봅니다.

'부정확한' 표현을 찾아라

'부정확한' 표현이란 크게 두 가지로 나뉘는데, 둘 다 감정이 격해지거나 비판적 사고에 빠져 있을 때 주로 나타납니다.[1] 첫 번째 유형은 말 그대로 부정확한 내용을 전달하는 것입니다. 부정적인 감정이 연달아 몰아칠 때는 진심을 전하지 못하고 대신 그 감정(또는 판단)에서 파생된 '반응'인 2차 감정을 보이기 쉽죠.

두 번째 유형은 지나치게 에둘러 표현하거나 중요도를 정확히 전하지 못하는(과대평가 또는 과소평가) 사례를 말합니다. 이 두 번째 유형은 '굳이 따지자면' 내용상으로는 정확해도 실질적으로 자신의 진정한 목표를 이루는 데 방해가 되는 표현입니다. 정확하면서도 상처를 주지 않는 표현 방식도 엄연히 있으므로, 원하는 것을 이루는 데 걸림돌이 되는 말들은 부정확한 표현 유형으로 분류됩니다.

분노에 숨겨진 진심을 들여다보기

감정이 격해지거나 비판적 사고에 빠지면 1차 감정은 종종 2차 감정으로 넘어갑니다. 이럴 때 이 2차 감정을 그대로 드러내면 부정확한 표현이 됩니다. 실제로 그 순간에 그런 감정을 느끼더라도 그게 본래의 진심은 아니기 때문이죠. 예를 들어 온종일 마크가 보고 싶었던 티파니는 함께 보낼 시간을 고대합니다. 하지만 마크의 퇴근이 늦어지자 속으로 마크를 비판하며 화가 나기 시작하고, 보고 싶었던 마음은 분노에 가려집니다.

이때 티파니가 이 분노만을 표현하면(언어적으로든 비언어적으로든) 마크는 티파니가 자신을 사랑해서 함께 있고 싶어 했음을 알 길이 없습니다. 그저 티파니의 분노에만 반응해서 방어벽을 올리죠. 하지만 티파니가 분노는 2차 감정일 뿐이라는 걸 인식했다면, 마크를 보고 싶고 함께 있고 싶은 자기 진심을 금세 깨달았을 겁니다.

분노와 같은 공격적인 표현은 갈등과 거리감만 생기게 할 뿐입니다. 자기 뜻을 정확히 전하려면 티파니는 비판을 떨쳐 버리고 자신의 1차 감정에 주목해야 합니다. "자기, 얼굴 보니까 참 좋다. 야근하는 동안 너무 보고 싶었어!"라고 말한다면 진심이 잘 전해지겠죠. 마크는 자신이 사랑받고 있으며 퇴근하니 행복하다고 느낄 겁니다. 앞으로는 더 일찍 만나러 오고 싶다는 생각이 들 수도 있고요.

나아가 마크가 야근을 줄이기를 진심으로 바란다면 티파니는 마크가 귀 기울일 수 있게 자기 마음을 정확히 표현하며 얘기를 꺼내 볼 수도 있을 겁니다. 화를 내거나 마크가 뭔가 '잘못했다'고 비난하는 것이 아니라 함께 있고 싶어서 부탁하는 것이라고 표현한다면 협상(여덟 번째 수업 참조)이 성공할 확률은 크게 올라갑니다.

처음 떠오른 감정이나 욕구에 성급하게 반응하면 2차 감정이 생겨나고, 이 2차 감정에 매달리다 보면 자기 진심과 목표를 잊어버리게 됩니다. 하지만 우리는 2차 감정이 자기 해석이나 사고의 산물이 아니라 상황 자체에 대한 당연한 반응이라고 쉽게 착각합니다.

예를 살펴보죠. 루스는 일에 치여 정신없을 때가 많았습니다. 할 일이 너무 많아서 스트레스도 꽤 쌓였죠. 그 정도로 바쁘지 않던 리처드는 루스와 오붓하게 보낼 시간이 부족해서 아쉬웠습니다. 예전에는 함께 보내는 시간이 훨씬 길었거든요. 리처드는 루스가 활력을 잃고 애정 표현이 줄었다고 생각했습니다. 하지만 사실 루스는 여전히 리처드에게 헌신적이었고, 더 친밀해지기를 원했습니다. 단지 그런 마음을 내보일 여유가 없을 뿐이었죠.

이렇듯 리처드의 1차 감정은 더 많은 시간과 애정을 바라는 마음이었습니다. 하지만 가끔은 루스가 관계에 지루함을 느낀다거나 이제 더는 나를 사랑하지 않는다는 생각이 들었죠. 그런 생각에는 당연히 두려움이 뒤따랐습니다. 그런 두려움을 정당화할 만한 근거가 전혀 없는데도 두려움은 가시지 않았고, 분노까지 이어졌습니다.

저녁때 루스가 강아지와 놀아 주는 걸 보면서 '나랑 이야기하기 싫어서 저러는구나'라는 생각마저 들었습니다. 괜히 루스의 행동에 트집을 잡으며 속으로 '간식을 저렇게 많이 주면 안 되는데'라든가 '재주를 부리라고 시켰으면 보상을 줘야 하는데' 같이 일관성 없는 비판을 하기도 했고요. 물론 그럴수록 분노는 더욱 커지고, 마음의 틈도 더 벌어졌습니다.

그러다 리처드는 속으로 생각했던 것을 말로 꺼내 루스를 공격하기 시작했죠. 일관성 없는 비판 앞에 어떻게 해도 비난을 피할 수 없음을 깨달은 루스는 빠르게 방어 태세에 들어갔습니다. 둘은 이내 강아지 훈육 문제는 물론 온갖 것을 두고 싸우게 되었죠. 아무 결론도 나지 않는 싸움을 거듭하게 된 겁니다.

이런 상황은 매우 흔합니다. 리처드는 자신이 정말 바라는 것은 루스와 시간을 더 보내는 것임을 루스에게 한 번도 말하지 않았습니다. 그 결과 역설적으로 둘은 점점 멀어졌죠. 하지만 이 책에 나오는 대로 연습하면서 리처드가 분노를 적신호로 인식하는 법을 익혔다면 어땠을까요? 화가 난다는 것은 자신이 뭔가에 섣불리 반응하고 있다는 뜻이며, 분노(2차 감정)에 가려진 진심을 알아내고자 했을 겁니다.

꾸준한 연습으로 분노에 휩쓸리지 않고 이를 적신호로 인식하는 법을 배운 리처드는 화가 날 때 잠시 시간을 내서 이렇게 자문했죠. '지금 내가 뭘 놓치고 있지? 내가 원하는데 얻지 못하는 게 있나? 원치 않는데 일어나는 일은 뭘까? 혹시 내가 섣부른 판단을 내리면서 스스로 분노를 키우고 있나?' 그러자 자신이 진짜 원하는 것을 금세 알아챌 수 있었습니다. 더불어 '혼자 잘 지내지 못하는 내가 이상한 거야'라든가 '루스가 강아지와 시간을 보낸다고 질투하면 안 돼'라는 식으로 자기 자신을 비판하고 있었다는 사실도요. 그러고 나니 자기 감정과 진정한 소망을 받아들이기만 하면 훨씬 생산적인 방식으로 행동할 수 있다는 깨달음이 찾아왔습니다.

마침내 리처드는 루스가 강아지와 놀아주느라 바쁠 때 쓸쓸함을 느끼면 자기도 같이 어울려 놀았습니다. 미소 짓는 얼굴로 루스를 안아 주면서 "자기, 이따가 방에서 얘기나 좀 할까?"라고 말하기도 했고요. 이런 정확한 표현을 들은 루스는 대개 아주 긍정적인 반응을 보였습니다. 사실 루스 또한 리처드와 시간을 더 보내고 싶은 마음이었기에 선뜻 받아들일 수 있었던 거죠.

분노를 감정의 브레이크로 활용하기

리처드와 루스의 예에서 알 수 있듯 2차 감정인 분노는 비판과 깊은 관련이 있습니다. 이 두 가지 문제는 서로 부추기는 관계입니다. 어떤 상황에서든 상대방을 비판하면 불만과 분노가 커지기 마련이죠. 반대로, 화가 나면 격해진 감정에 자극받은 우리 뇌는 비판적 사고를 쏟아냅니다. 한번 직접 시험해 보세요. 먼저 친구나 가족이 했던 사소한 실수 하나를 떠올립니다. 그런 다음 그 행동을 비판해 보세요(바보 같은 짓이었다든가, 그러지 말아야 했다든가, 옳지 못하다든가). 기분이 어떻게 달라졌나요? 아마 화가 나기 시작했을 겁니다. 특히 비판이 진심일수록 더욱 그렇죠.

반대도 마찬가지입니다. 화가 난다는 사실을 스스로 눈치챈 순간 드는 생각에 주목해 보세요. 비판적인 생각이 주로 떠오르나요? 만약 그렇다면 첫 번째 수업에서 배운 기법을 활용해서 현 상황과 감각, 1차 감정을 '묘사'해 보세요. 분노에 어떤 변화가 생기나요?

타인이 당신을 비판할 때 어떤 기분이 드는지 생각해 보는 것도 중요합니다. 어떤 기분이 드나요? 어떤 식으로 반응하게 되나요? 이때 처지를 바꿔 생각하면 사랑하는 사람을 비판할 때도 상대가 상처받고, 관계에 독이 된다는 사실을 쉽게 알 수 있습니다.

앞으로 절대 비판하거나 화를 내서는 안 된다는 말이 아닙니다. 단지 비판적 사고는 당신이 진심을 내보이고, 진정으로 바라는 바를 이루고, 사랑하는 사람과 좋은 관계를 유지하는 데 방해가 된다는 것이죠.

연습

1. 화가 날 때 다음 사항을 확인해 보세요. 실제로 화가 날 만한 상황인가요? 지금 느끼는 감정이 정말로 분노뿐인가요? 슬픔이나 실망감, 불안 같은 다른 감정을 놓치고 있지는 않나요?

2. 화가 났을 때 비판적인 생각을 떠올리거나 비난하는 말을 입에 담지는 않았는지 점검해 보세요. 정말 화를 낼 만한 상황이라면 '화가 난다'라는 말을 쓰지 않고 자기 반응을 묘사해 보세요. 이를테면 "이게 정말 마음에 안 들어"라든가 "OO가 그렇게 행동하는 게 너무 신경 쓰여" 같은 식으로요.

3. 분노를 스스로 인지한 다음, 이를 당신이 격하게 반응하고 있다고 알려 주는 신호로 활용하세요. 분노 외에 1차 감정이 더 있는지 확인하세요. 그 감정이 상황에 더 적절한지 살펴보고, 그렇다면 그쪽에 관심을 집중하세요.

원하는 것을 돌려 말하지 않기

간접적 의사소통은 크게 두 가지로 나뉩니다. 하나는 말하고 싶은 내용을 당사자가 아닌 다른 사람에게 전하는 것이고, 다른 하나는 정말 신경 쓰이는 부분이 아니라 그와 관련된 현상만 묘사한 뒤 상대방이 내 뜻을 알아주리라고 기대하는 것이죠. 이는 자기 소망이나 감정을 정확히 전달하지 못하는 원인 가운데 하나입니다.

직접적 의사소통이 더 정확하고 깔끔하다는 사실은 누구나 알지만, 여러 이유로 그러지 못할 때가 많습니다. 예를 들어 때로 사람들은 너무 직접적으로 말하면 싸움이 날까 봐 걱정하죠. 그래서 간접적으로 말하는 편이 낫다고 여기기도 합니다. 물론 이렇게 돌려 말하면 눈앞의 갈등을 피할 수 있을지도 모르지만, 결국은 사랑하는 사람에게 이해받고 관계가 나아질 가능성은 줄어듭니다. 즉, 연인과 시간을 더 보내고 싶은 마음을 함께 있던 친구에게 털어놔 봤자 연인에게는 진심이 제대로 전해지지 않을뿐더러, 오히려 상황이 더 나빠질 수도 있습니다.

더불어 모든 생각과 감정 중에서 한 부분만 뚝 떼서 이야기하는 것도 핵심 전달에 도움이 되지 않습니다. 앞의 예시에서 리처드는 루스와 시간을 더 보내며 친밀감을 얻고 싶어 했죠. 그런데 어느 토요일 오후, 루스는 갑자기 친구와 할 일이 있다며 나갔다 오겠다고 말합니다. 리처드는 '아, 데이트하자고 말하려 했는데. 요즘 통 같이 있질 못했잖아'라는 생각이 들었고, 불쑥 "친구를 자주 만나네"라고 말합니다. 간접적이고 애매한 표현이죠. 루스는 이 말을 안 좋은 방향으로 해석했고, 불만을 표현한 거라고 생각했습니다.

만약 리처드가 자기 마음을 직접적으로 표현하며 조율했다면 어땠을까요? 가령 "알았어, 자기. 근데 오늘은 나도 자기하고 같이 보내고 싶었거든. 나중에 나한테도 시간 좀 내줄래?"라고 했다면? 그랬다면 루스가 리처드의 진짜 속마음을 이해할 뿐 아니라 리처드의 말을 들어주려고 노력할 확률이 훨씬 높아졌을 겁니다.

자기 마음을 있는 그대로 인정하기

자신을 비판하다 보면 위축되기도 하고, 자기가 느끼는 감정과 욕구 자체를 부끄럽게 여기게 됩니다. 하지만 이렇게 자신을 고생시키지 않아도 됩니다. 사람은 각기 달라서, 원하는 것도 느끼는 감정도 다 다를 수밖에 없습니다. 잘못된 소망이나 감정은 없죠. 바라는 바를 이룰 수 없어서, 고통스러운 감정을 느껴서 힘들 수 있고, 그것마저도 당신의 모습입니다. 그러니 자신을 비난하고 자신의 소망이나 감정을 부정하지 마세요.

현실 부정은 비가 주룩주룩 쏟아지는 날에 야외 활동을 하고 싶으니까 비가 와서는 안 된다거나, 비를 뿌리는 구름이 나쁘다고 비판하는 것과 다를 바 없습니다. 반면, 현실을 있는 그대로 묘사하는 말은 괜찮습니다. 맑은 날씨가 더 좋다거나, 계획대로 할 수 없어서 실망했다거나, 지난 주말에도 나가려고 했더니 비가 왔는데 또 이렇게 돼서 김이 샌다는 식의 말은 얼마든지 해도 됩니다.

특히 사랑하는 사람에게 무언가를 바라는 자신을 부정하는 태도는 곧 자기 자신을 평가절하하는 것이나 마찬가지입니다. 상대방이 내 취미를 같이 즐겨 주고, 내 친구를 좋아해 주기를 바라면서도 그런 마음이 바보 같거나 어처구니없다고 생각할 수도 있습니다. 아니면 연휴 내내 애인과 함께 지냈는데도 월요일에 출근하고 나니 보고 싶어지는 마음을 깨닫고 이런 생각이 들지도 모릅니다. '어이가 없네. 바로 직전에 사흘 내내 붙어 있었잖아. 또 보고 싶다는 게 말이 돼? 내가 너무 집착하나 봐.' 이렇게 당혹감과 수치심을 느끼고 자신의 애정과 그리움을 정확히 표현하지 못하게 되죠.

따라서 자신의 마음을 인정해 주는 것은 중요합니다. 일주일에 몇 번을 만나야 하는지, 적절한 애정의 양은 얼마큼인지, 상대에게 어느 정도의 관심을 받아야 안정적인 관계라고 느끼는지 정해진 기준은 전혀 없습니다. 각자 자신이 바라는 바를 솔직히 인정하고 드러내며 맞춰 가는 수밖에 없죠. 하지만 이런 솔직함에는 실망해도 괜찮다는 각오가 필요합니다. "원하는 걸 항상 다 얻을 수는 없는 법"이라고들 하니까요.

과장하지 않고 말하기

자기 욕구와 감정을 과장하는 것 역시 정확한 표현을 방해합니다. 있는 그대로만 말하면 상대방이 진지하게 여기지 않을지도 모른다는 두려움에서 나오는 화법이죠. 이는 단기적인 이득보다 장기적인 손실이 더 큽니다. 중요한 부탁이나 감정은 상대방이 그 중요도를 알 수 있게 전달해야 합니다. '모든 것'을 똑같이 다 중요한 것처럼 과장한다면 상대방은 무엇이 더 중요하고 덜 중요한지 알 수 없게 되죠.

더욱이 상대방이 당신 말에 번번이 생사가 달린 것처럼 반응해 줄 수도 없는 노릇입니다. 시간이 지나면 오히려 상대는 점점 모든 것에 무덤덤하게 반응하게 되고, 당신은 더 큰 좌절과 실망에 빠지게 될지도 모릅니다. 그렇기에 뭐가 얼마나 중요한지 스스로 정리한 뒤에 정확히 표현하는 것이 훨씬 효과적입니다. 이번에도 당장은 당신이 원하는 반응을 얻지 못해 실망하게 될지도 모릅니다. 하지만 상황의 중요도를 정확히 전한다면 상대가 점차 그에 맞는 만족스러운 반응을 보여 줄 확률이 더 높아집니다. 그러면 당신이 원했던 것을 얻을 수 있게 되죠.

> **연습**
>
> 1 사랑하는 사람에게 뭔가를 부탁하기 전에 그 일이 얼마나 중요한지 점수 매기는 연습을 해 보세요. 지난 한 해를 돌아보며 전혀 중요하지 않은 일을 0점, 가장 중요한 일을 100점으로 두고 0~100점까지 점수를 매기세요.
>
> 2 자신이 욕구와 소망을 어떤 식으로 표현하는지 관찰하세요. 당신이 원하는 것이 얼마나 중요한지 상대방이 쉽게 알 수 있는 방식으로 표현하고 있나요?
>
> 3 당신이 바라는 목표의 중요성과 표현 강도를 일치시키는 연습을 해 보세요.

속마음과 반대로 말하지 않기

서운한 마음이 풀리지 않아서 속마음과는 완전히 반대로 말해 버리는 경우도 있습니다. 당신이 몹시 피곤해서 일찍 잠자리에 들까 생각 중이라고 해 보죠. 하지만 좀 전에 있었던 다툼으로 아직 기분이 나쁘고 속이 부글부글 끓습니다. 이때 상대방이 전화를 걸어 걱정스러운 목소리로 "자기, 피곤하니까 일찍 잘래?"라고 묻자 "아니, 안 피곤해. 괜찮아"라는 대답이 튀어나옵니다. 혹은 싸우고 난 뒤에 상대방이 화해의 의미로 당신을 도와주겠다고 제안합니다. 그런데 당신은 "아니, 됐어. 내가 알아서 할게"라고 딱 자릅니다.

이런 대답 자체가 꼭 문제를 일으키지는 않습니다. 다만 화해할 기회나 사랑하는 사람이 내게 다가올 기회를 날려 버린다는 점이 문제죠. 심지어 상대방은 당신을 알다가도 모를 사람으로 여길 수도 있습니다. 상대 눈에는 분명히 당신이 피곤해 보이는데도 그렇지 않다는 대답이 돌아오니까요. 도움이 필요해 보이고, 실제로 도움이 필요한데 필요 없다고 대답하고요.

이런 헷갈리는 상황에 놓였던 상대방은 나중에 당신에게 다가가려다가도 멈칫하게 됩니다. 도움이 필요하거나 피곤해 보이지만, 사실은 자기가 잘못 짚었을지 모른다고 생각하는 거죠. 그 결과 비슷한 상황이 오면, 당신에게 감정적인 지지나 의미 있는 도움을 먼저 제공하지 않으려 할 수도 있습니다.

대화의 목적을 명확히 하기

가끔 우리는 자기가 원하는 걸 잘 알면서도 상대방이 알아채기 어려운 방식으로 말을 꺼냅니다. 예를 들어, 직장에서 정신

없고 짜증 나는 하루를 보낸 칼라는 속이 상한 채로 집에 돌아와서 이렇게 말했습니다. "아, 진짜 일하기 싫어." 전에도 이 말을 여러 번 들은 호세는 칼라가 걱정되어 염려하는 반응을 보였습니다. 당분간은 경제적 도움이 되어 줄 만큼 저축도 넉넉하니 "직장을 그만두고 스트레스 덜 받는 다른 일을 찾아보면 어떠냐"고 제안하죠.

하지만 칼라는 무슨 일이 있었는지 물어봐 주고, 자세한 얘기에 귀 기울여 주고, 공감해 주고, 응원과 위로의 말을 해 주기를 바랐을 뿐이었습니다. 문제 해결을 도우려 한 호세는 칼라가 진정으로 원하는 것을 주지 못한 셈이죠. 하지만 "일하기 싫다"라는 칼라의 말만 듣고 호세가 그런 속뜻까지 짐작할 수는 없는 노릇입니다.

이미 기분이 좋지 않았던 데다 호세에게 오해받았다는 생각에 한층 더 흥분한 칼라는 곧장 머릿속으로 호세와 자기 자신을 비판하기 시작했습니다. 그러자 강렬한 2차 감정이 뒤따랐고요. 이내 칼라는 호세에게 이렇게 퍼부었습니다. "내 능력을 못 믿는다는 말이잖아. 항상 날 그렇게 우습게 보지. 여기까지 오느라고 내가 얼마나 애썼는데, 일진이 좀 나빴다고 관두라는 게 말이 돼? 그냥 좀 내 편을 들어 주면 안 돼? 내가 잘나가니까 무슨 자격지심이라도 느끼는 거야?" 물론 공격당한 호세도 가만히 있지 않았고, 저녁 시간은 엉망진창이 되고 말았죠.

칼라가 대화의 목적을 명확히 했더라면 훨씬 나은 방향으로 흘러갔을 겁니다. 자신이 원하는 반응을 얻고자 한다면 목적에 맞는 대화 방식을 택했어야 합니다. 일반적으로 대화의 목적은 크게 '감정' '해결' '관계'로 나뉩니다.

↳ 감정적인 접근이 필요한 순간

기분이 나아지고 싶고, 상대방이 나를 이해하기를 바라고, 지지나 인정, 위로를 받고 싶을 때는 모두 감정적 접근이 필요합니다. 실제로 연인들이 나누는 대화 중 상당수는 감정적인 교류를 위한 것이죠. 하지만 이런 목적성을 명확히 밝히지 않는 경우가 무척 흔하며, 자주 싸우는 연인들은 특히 더 그렇습니다. 위로나 지지를 원하는 자신이 작아 보일 수 있기 때문입니다. 또한 공감을 못 받을지도 모른다고 생각하면 불안감이 커지고, 그 결과 솔직한 목적을 표현하기가 한층 어려워집니다.

상대에게 감정적인 접근을 요청하는 방법에는 크게 두 가지가 있습니다. 하나는 자기가 원하는 것을 직접적으로 표현하는 겁니다. 앞의 예에서 칼라가 이렇게 말했다면 좋았겠죠. "나 오늘 엄청 힘들었는데, 자기가 얘기 좀 들어 주고 위로해 줬으면 좋겠어." 또 다른 방법은 상황을 묘사하며 자기 감정에 초점을 맞추는 것입니다. "일은 내가 다 했는데 주디가 앨리스만 칭찬하는 거 있지. 너무 속상하고 의욕이 확 떨어지더라"라고 말할 수도 있었을 겁니다.

자신이 원하는 것을 상대방에게 직접적으로 말하는 것이 어색하거나 불안하게 느껴질 수도 있지만, 사실 이게 가장 합리적인 방법입니다. 식당에 가서 직원에게 구체적인 메뉴 대신 "저, 배고픈데요"라고 말하지는 않죠. 원하는 것을 말하지 않고 우연히 맞아떨어지기를 바랄 수만은 없는 법입니다.

↳ 해결책이 필요한 순간

가끔은 정말 뭔가를 바꾸고 싶고, 문제 해결에 도움을 받고 싶을 때도 있습니다. 이런 경우 "그것참 속상하겠다"라는 말만으로는 부족합니다. 칼라가 몇 달 또는 몇 년이나 직장에서 상황을 바꿔 보려고 발버둥치며 속앓이를 한 끝에 이제는 정말 이직하기로 마음먹었다고 치죠.

이럴 때 호세가 "자기가 매일 겪는 일을 생각하면 그렇게 답답해하는 것도 이해가 가"라고 말하며 공감'만' 해 준다고 칼라가 후련해지지는 않을 겁니다. 새 직장을 찾고 싶은데 결혼도 앞두고 있고, 자기 경력이 걱정되는 칼라는 앞에 놓인 문제를 해결해야 하는 상황이었으니까요. 이직할 때 희망 연봉을 얼마로 잡아야 최선일지, 자기가 회사를 그만두면 결혼 계획은 어떻게 수정해야 할지 호세와 상의해 보고도 싶었겠죠.

문제 해결에 있어 사랑하는 사람에게 도움을 받고 싶을 땐 직접 도움을 요청하는 것이 가장 명확하고 효과적입니다. "자기도 알겠지만, 내가 회사에서 상황을 바꿔 보려고 1년 넘도록 노력할 만큼 했거든. 더는 못 참겠고, 노력해 봤자라는 생각이 들어. 이제 회사를 옮기고 싶어. 그런데 돈 걱정을 안 할 수가 없잖아. 같이 얘기 좀 할 수 있을까? 어떻게 하면 좋을지 너무 고민되는데, 자기가 좀 도와주면 정말 고맙겠어." 칼라가 이렇게 말했다면 호세의 관심은 감정적인 공감을 넘어서 칼라가 정말로 바라는 것, 즉 문제 해결 쪽으로 자연스럽게 집중했을 테지요.

↳ 관계에 노력이 필요한 순간

관계를 개선하기 위한 대화는 좀 더 까다롭습니다. 가끔은 사랑하는 사람에게서 미묘한 거리감을 느끼고, 뭔가 부족한 느낌인데 콕 집어 말하기 어려울 때가 있죠. 이럴 때 우리가 원하는 건 대체로 친밀감을 높이는 것입니다. 그러기 위해서 구체적으로 상대방이 뭔가를 이해해 주기를, 또는 뭔가를 그만하거나 더 해 주기를 바랄지도 모릅니다.

하지만 여기서 중요한 것은 그 '무엇' 자체가 아니라 그보다 더 넓은 개념의 배려와 지지가 필요하다는 사실입니다. 공감과 문제 해결에 목적을 둔 대화도 장기적으로는 이런 친밀감을 높여 줍니다. 다만 관계를 위한 대화는 지금까지 다뤘던 방법들을 합쳐서 약간 다른 방식으로 접근할 필요가 있습니다.

먼저 정말로 친밀감이 부족한지 분명히 확인해야 합니다. 그게 확실해졌다면 더 가까워지고 싶고 더 많은 것을 공유하고 싶다는 마음을 잘 표현해야겠죠. 거리감이 느껴지고 원하는 만큼 사이가 좋지 않다고 생각하는 '이유'를 설명만 하는 건 도움이 되지 않습니다. 본인이 노력해서 변하겠다고 하면 얘기가 다르겠지만, 상대를 탓하는 듯한 뉘앙스를 풍기기 쉬울 테니까요.

이럴 때는 다음과 같이 세 단계로 표현해야 합니다. 첫째, 자기 감정을 차근차근 묘사합니다. "자기, 요즘 우리 오붓하게 지낸 지가 너무 오래됐잖아. 그래서 너무 아쉬워. 불평하거나 자기가 잘못했다는 게 전혀 아니고, 그냥 자기가 그리워." 둘째, 자기 목표를 분명하게 밝힙니다. "나는 다시 가까워지고 싶어. 예전처럼 서로 칭찬해 주고, 뭐든 같이 하고, 즐겁게 지냈으면 좋겠어." 마지막으로 함께 해결해 가면 좋겠다는 의도를 명확히 전합니다. "우리 둘이 같이 노력하면서 뭔가 새로운 걸 시도해 봤으면 하거든. 지금 잠깐 얘기 좀 할 수 있을까? 아니면 이번 주 내에 따로 시간을 내면 어때?"

그런 다음 둘이 함께 해결책을 고민하면 됩니다. 아니면 최소한 서로 더 깊이 이해하고 인정하게 될 만한 대화를 나눠도 좋고요. 이렇듯 관계 개선을 위해서는 단계별로 접근하는 것이 중요합니다.

> **연습**

1. 사랑하는 사람에게 무슨 말을 하기 전에는 며칠 이상 기간을 두고 자신이 상대방에게서 진정으로 바라는 것이 무엇인지 곰곰이 생각해 보세요. 당신이 바라는 것이 정서적 공감, 해결책, 관계 개선 중 어디에 속하는지 확인하세요.

2. 알맞은 표현 방식을 선택합니다. 그 방식이 실제로 효과 있는지, 자기 뜻을 명확히 표현하니 상대방의 반응이 긍정적으로 변화했는지 관찰해 보세요.

오해를 줄이는
실전 대화법

지금까지 우리는 자기 마음을 정확히 파악하고, 이를 효과적으로 전달하는 데 필요한 부분들을 두루 살펴보았습니다. 이번에는 이렇게 배운 방법을 실생활에서 어떻게 활용할지 구체적으로 배워 볼 차례입니다.

언어와 비언어적 표현 일치시키기

언어뿐 아니라 어조와 표정, 몸짓도 많은 뜻을 담고 있습니다. 그리고 그 모든 것들을 다 같은 뜻으로 일치시킬 때 훨씬 정확하고 명료한 의사소통이 가능해지죠. 마음을 느긋하게 먹을수록 비난을 멈추고 자신의 진심에 가까운 1차 감정에 집중할 수 있게 됩니다. 그리고 분노를 내려놓을수록 말의 내용과 태도를 일치시키기 쉬워집니다. 그렇게 의사소통하면 사랑하는 사람이 당신 말에 귀 기울이고, 당신 뜻을 이해하고, 당신이 원하는 방식으로 반응할 확률이 올라갑니다.

대화를 위한 최적의 타이밍 잡기

중요한 문제일수록 서로에게 집중할 수 있을 때 이야기해야 합니다. 어렵게 자기 소망과 감정을 알아내고, 목표를 분명히 하고, 분노를 내려놓은 뒤 평온한 상태로 대화에 임할 준비를 마쳤다면 마땅히 상대방의 관심을 받아야겠죠. 우리의 노력이 허사가 되지 않게 하려면 대화에 집중하기 어려운 때를 피해 최적의 타이밍을 찾아야 합니다. 그렇다면 어떤 방해 요소를 조심해야 할까요? 당신이나 상대방의 주의를 흐트러뜨려 마음챙김을 어렵게 하는 것은 뭐든지 포함됩니다.

우선 당신과 상대방을 제외한 누군가가 주변에 있거나, 그 사람이 주의를 끄는 행동을 하고 있다면 대화에 집중하기 어렵겠죠. TV가 켜져 있거나, 둘 중 한 명이 다른 일(신문 읽기, 컴퓨터 작업, 운전, 회사 업무, 요리, 공과금 납부, 집안일 등)을 하는 중이어도 마찬가지고요. 만약 곧 외출해야 하거나 누가 방문할 예정이라면 마음이 급해지기 마련이고, 그 탓에 흥분도가 올라가면 의사소통을 망치기 쉽습니다.

또한 배가 고프거나 피곤하거나 몸이 아프면 예민해지고(특히 반응성) 집중력이 크게 떨어집니다. 그러므로 중요한 대화는 둘 다 컨디션이 좋고 급하게 해야 할 일이 없을 때 시도하는 것이 합리적이죠. TV를 끄고, 읽던 책을 내려놓으세요. 편안한 곳에 자리를 잡고 앉아서 심호흡 한 다음, 서로 미소 지으며 이야기를 시작하세요.

부드럽게 대화의 물꼬를 트기

느닷없이 우리 관계에 관해 얘기 좀 하자고 말을 꺼내면 상대방은 순간 두려움이나 불안에 휩싸일 수도 있습니다. 예전에 비슷한 대화를 나눴다가 잘 풀리지 않았던 적이 있다면 더욱 그렇겠지요. 따라서 지금껏 배운 기술을 잘 활용하는 것도 중요하지만, 까다로운 주제의 대화는 상대방에게도 많은 용기가 필요한 일임을 기억할 필요가 있습니다. 당신이 먼저 긍정적인 분위기를 조성하고 상대방의 마음을 편하게 해 주세요. 그렇게 대화를 이끌어 가면 당신이 원하는 결과(이해, 친밀감, 갈등 해소, 평온함, 달라진 대화 방식 등)를 얻을 확률이 훨씬 높아집니다.

대화의 물꼬를 트는 가장 좋은 방법은 먼저 상대방에게 확고한 애정을 표현하는 것입니다. 간단하게 들리지만, 애정 어린 마음을 오해 없이 전달하기는 쉽지 않습니다. 불만스러워하거나, 너무 힘들어하거나, 상대방에게만 변하기를 바라면 상대도 속상할 수 있다는 점을 잊지 마세요. 상대방이 이야기를 듣자마자 당신을 걱정할 수도 있지만, 부정적인 생각이 떠올라 흥분할 수도 있습니다. 이를테면 "또 나한테 화났네" "이제 예전만큼 나를 사랑하지 않나 봐" "또 시작이야. 어차피 싸우다가 저녁 시간 다 날리겠지" 같은 식으로 지레짐작하면서요.

하지만 뭐가 어찌 됐든 나는 당신을 아끼고 사랑하며, 지금 할 얘기가 중요하기는 해도 무슨 큰일은 아니라고 미리 안심시켜 준다면 상대방도 마음을 놓을 수 있을 겁니다. 그렇게 흥분이 가라앉으면 덜 방어적인 태도로 당신에게 집중하며 반응할 수 있게 됩니다.

싸움이 잦은 연인인 헤더와 존은 자신들이 매우 불행한 연애를 하고 있다고 느꼈습니다. 그래서 이 책에 나오는 기술을 배워 활용해 보기로 다짐했습니다. 하지만 변화는 어렵고 시간이 걸리는 법이죠. 게다가 둘의 마음에는 이전의 갈등에서 생긴 상처가 고스란히 남아 있었습니다.

어쨌거나 헤더는 존에게 자신이 얼마나 외로우며 함께 보내는 시간을 그리워하는지 전하기 위해 공들여 대화를 준비했습니다. 자신의 진정한 감정(슬픔, 외로움, 두려움)과 소망(오붓한 시간, 친밀감을 불러일으키는 '진짜' 대화)을 파악하고, 문제를 존 탓으로 돌리는 예전 습관도 버렸습니다. 나아가 자기 감정과 소망만큼 존의 마음도 소중히 여기며 균형을 잡으려 노력했고요. 그런 뒤 대화하기 좋은 타이밍을 잡아 두고, 무슨 얘기를 어떻게 할지 연습도 마쳤습니다.

하지만 마음속으로 정해 둔 시간이 되자 두려움이 덮쳐 왔죠. '아, 이런. 왠지 잘 안될 것 같아. 괜히 긁어 부스럼은 아닐까……. 하지만 말하긴 해야 하는데.' 이때 헤더는 잠깐 멈춰서 자신을 다독여야 했습니다. 이런 상황에서는 당연히 불안해질 수 있다고요.

하지만 헤더는 결국 얼굴을 찡그린 채 존에게 불쑥 내뱉고 말았습니다. "자기, 우리 얘기 좀 할까?" 지금껏 헤더가 기울인 노력이 무색하게 존은 헤더가 짜증을 낸다고 느꼈고, 자신에게 또 잔소리를 퍼부으려는 거라고 지레짐작했죠. '그런' 종류의 대화는 피하고 싶었던 존은 재빨리 방어 태세에 들어갔고, "아니, 솔직히 지금은 얘기하고 싶지 않은데"라고 말한 다음 방으로 들어가 문을 닫았습니다.

존의 반응에 자극받아 이성의 끈을 놓아 버린 헤더는 머리 끝까지 화가 나서 위층으로 쫓아갔습니다. 그러고는 "무신경하고 눈치 없다" "우리 관계를 되살리려는 노력은 하지 않는다"라며 소리를 질렀습니다. 이후에 어떻게 됐을지는 상상이 가시겠죠.

하지만 두어 주 더 연습을 거듭한 헤더는 다시 시도해 보기로 했습니다. 이번에는 대화를 제안하면서 느낄 긴장에 대비해 커플링을 만지며 존을 사랑하는 마음을 떠올리는 연습을 해 두었죠. 미리 시간을 내서 자기 감정(존이 그리움)과 소망(친밀감 강화)에 주목한 뒤 비난과 분노를 내려놓는 작업도 성공리에 마쳤습니다. 이번에도 입을 떼자마자 불안이 파도처럼 덮쳐 왔지만, 덕분에 미소 지을 수 있었고 평정을 유지할 수 있었습니다.

헤더는 미소를 띤 채 존에게 부드러운 어조로 이렇게 말했습니다. "자기, 나는 우리가 함께 보내는 시간이 참 좋아. 그런 시간을 늘리고 싶은데, 잠깐 의논 좀 할 수 있을까?" 존은 헤더의 웃는 얼굴과 다정한 어조를 분명하게 감지했습니다. 이번에는 공격당한다는 불안감이 아니라 사랑받는다는 느낌이 들었기에 존도 차분히 귀를 기울였죠. 그러고는 자기가 배운 기술을 활용해 자연스럽고 능숙하게 반응할 수 있었습니다.

연습

1. 대화를 시작하기 전에 전반적인 상황을 점검해 보세요. 지금이 당신과 상대방에게 적절한 때인가요? 주의가 산만해질 요소는 없나요? 배가 고프거나, 피곤하거나, 신경이 날카롭지는 않나요? 모든 상황이 맞아떨어질 때 대화를 시작하세요.

2. 부드럽게 대화를 시작하는 법을 연습합니다. 하고 싶은 이야기를 본격적으로 꺼내기 전에 상대방을 사랑하는 마음을 분명히 표현해 보세요.

다섯 번째 수업

이해받고 싶은 마음은
욕심이 아니다

앞서 네 번째 수업에서는 오해 없는 대화의 첫 번째 단계인 '정확한 표현'을 배웠습니다. 이번 수업에서 다룰 두 번째 단계는 그 정확한 표현에 '타당화^{validation}'하는 방식으로 반응하기입니다. 타당화 반응이란 상대방의 경험(감정, 소망, 고통, 생각 등)이나 행동을 (최소한 그때 그 상황에서는) '이해'하고 '수용'한다는 의도를 상대에게 전달하는 것입니다. 이 방식은 상대의 말을 받아들이지 않는 부인否認과는 완전히 다른 결과를 낳습니다.

연인관계에서 상대가 자기 말을 받아들여 주면 만족스러워하지만, 부인당한다고 생각하면 도저히 견디지 못하죠. 자주 싸우는 관계에서는 상대를 인정하기보다 부인하는 일이 많습니다. 반면, 행복하고 안정적인 커플은 상대를 부인하지 않고 서로 인정해 주죠.[1] 친밀한 상대에게 심하게 부인을 당하고 인정은 거의 받지 못하는 사람은 심한 스트레스와 우울감을 보인다고 합니다.[2] 오래 일상적으로 부인당해 온 사람은 심각한 심리적 장애를 겪을 확률이 높아진다는 연구도 있고요.[3]

이처럼 서로 무시하거나 부인하는 방식은 좋은 결과로 이어지지 않습니다. 상대방의 행동, 말, 감정, 소망을 인정하는 타당화는 효과적 의사소통의 열쇠이자 건강한 관계의 필수 요소입니다. 이제 타당화란 정확히 무엇인지, 무엇을 타당화해야 하는지 꼼꼼히 살펴봅시다.

타당화란 무엇인가

타당화라는 용어는 커플 상담과 관계 연구에서 다양한 방식으로 널리 쓰입니다. 이는 아마도 타인을 인정하고 받아들이는 방법 자체가 다양하기 때문일 겁니다. 하지만 편의상, 이 책에서는 연인관계에서 '이해와 수용을 상대방에게 알리는 의사소통'[4]이라는 구체적 의미로 한정하겠습니다.

타당화는 상대방의 경험을 이해하는 '공감'과 비슷하지만, 이해했음을 명확히 전달하는 과정이 꼭 필요합니다. 더불어 상대방의 경험에 대한 감정적 이해와 인지적 이해 양쪽을 아우르는 말이기도 합니다. 가끔은 관심을 쏟으며 눈을 맞추고 고개를 끄덕이거나, "응, 그렇구나" "맞아" "알겠어" 같은 말로 맞장구를 치는 것만으로 충분할 수 있습니다. 혹은 "정말 실망스러웠겠다"나

"얼굴이 너무 슬퍼 보이네" 같은 말로 상대방의 경험을 온전히 인정해 줘야 할 때도 있고요. 이해와 수용의 뜻을 전달할 때 신경 써야 할 점은 상대방의 경험이나 행동이 타당하며 심지어 매우 정상적이라는 뉘앙스까지 담아야 한다는 것입니다.

물론 직접적인 표현으로 타당성을 인정해 줘도 됩니다. "그 상황에서는 그런 감정/생각/충동이 드는 것도 당연하지. 누구나 그럴걸." 만약 상황을 완전히 이해하지 못하는 상태더라도 상대방의 경험이 타당하다는 뜻을 전할 수 있습니다. 이럴 때는 내가 아는 것과 모르는 것을 명확히 구분하고 조심스럽게 질문하는 방법을 쓰면 됩니다. 내가 상황을 온전히 이해하려고 노력하는 중이며, 어떤 상황이든 상대방의 경험에 공감할 준비가 되었다는 사실을 알려주세요. "어휴, 엄청 피곤해 보이네. 오늘 무척 힘들었나 봐. 무슨 일 있었어?"

요약하자면 타당화는 사랑하는 사람의 경험(감정, 소망, 목표, 의견 등)을 이해하고 당연하게 받아들였음을 전하는 방식입니다. 물론 그러려면 상대방이 '사실'을 말하고 있으며 자기 경험을 정확히 표현하고 있다는 전제가 필요하고요. 정확한 표현과 타당화하는 반응, 이 두 단계로 이루어지는 춤을 익힌 연인들은 서로 부딪혀 다치거나 연신 발을 밟는 일 없이 관계라는 무대를 누빌 수 있게 됩니다.

인정과 동의를 구별하기

　타당화를 동의와 혼동하는 사람이 많습니다. 물론 동의함으로써 인정한다는 뜻을 드러낼 수도 있지만, 꼭 그래야 하는 것은 아닙니다. 예를 들어 헨리는 토요일 저녁에 친구들과 더블데이트를 하고 싶은데, 웬디는 단둘이 시간을 보내고 싶었습니다. 이렇게 서로 의견이 다를 때는 상대에게 동의할 수 없겠죠. 하지만 그럴 때도 인정하는 것은 가능합니다. 헨리는 이렇게 말하면 됩니다. "네가 둘이 오붓하게 지내고 싶어 하는 거 나도 알아. 사실 요즘 그럴 기회가 별로 없었지."

　이렇게 웬디의 마음을 있는 그대로 인정한 뒤 헨리의 선택지는 두 가지로 나뉩니다. 웬디의 의견에 동의할 수도 있겠죠. "그러면 우리 둘이 외출하자. 테드하고 앨리스는 다음 주말에 같이 보기로 하고." 아니면 동의하지 않을 수도 있습니다. "하지만 오늘은 테드하고 앨리스를 보러 갔으면 좋겠어. 우리 얼굴 본 지 너무 오래됐잖아." 후자로 답하는 경우 여전히 갈등의 여지가 있고 협상이 필요하지만, 웬디의 소망을 인정하지 않거나 아예 부정한 경우(오붓한 시간 타령 좀 그만해. 지지난주에도 둘이서만 만났잖아)보다 훨씬 시작이 좋다고 할 수 있죠.

　덧붙여 상대방이 한 말을 앵무새처럼 따라 하는 것만으로는 부족하다는 점을 염두에 두세요. 단순 반복은 상대방의 경험을 제대로 이해하지 못하고 있음을 의미하고, 이해는 타당화의 핵심입니다.

의외로 잘못된 것까지 무조건 옳다고 해 주는 것은 타당화가 아닙니다. 가령 상대방이 무언가를 착각했다고 치죠. 이때 착각할 수도 있겠다고 인정해 주는 것은 타당화이지만, 그 착각에 동의하거나 그게 옳다고 정당화해 주는 것은 타당화가 아니라는 뜻입니다. 이럴 때 가장 효과적인 대응법은 비난이 섞이지 않은 어조로 넌지시 사실을 일러 주는 것입니다. "자기는 친구들이랑 보기로 한 날이 내일인 줄 알았나 보다. 사실은 오늘이야."

타당화가 중요한 이유

상대의 감정이나 소망, 의견, 행동을 인정해 주면 여러 긍정적인 효과가 있습니다. 대화를 원활하게 하는 핵심 요소인 만큼, 날카로워진 감정을 다독이고, 부정적인 반응(분노와 비판 등)을 줄이고, 협상을 촉진하고, 신뢰와 친밀감을 강화하고, 자존감을 북돋워 줍니다.

↳ 원활한 의사소통

상대방이 드러낸 속마음을 인정하고 받아들이면 의사소통이 한 차례 완료됩니다. 한쪽이 뭔가를 정확히 표현하면 다른 한쪽이 귀 기울이고, 이해하고, 이해했음을 알리는 거죠. 혹은 귀 기울였으나 이해하지 못할 수도 있습니다. 그땐 상대에게 그 사실을 알려서 부연 설명을 들으면 됩니다. 이런 상호작용이 없다면 상대방은 벽에 대고 말하는 기분이 들겠죠.

또한 상대의 말을 수용하는 반응을 보이면 싸워서 이기려고만 한다거나, 내 말만 옳고 네 말은 틀렸다고 고집하거나, 방어적/공격적으로 굴거나, 상처를 주려는 것이 '아님'이 증명됩니다. 이에 긴장을 푼 상대방은 자기 뜻을 더 정확히 표현하게 되고, 그 덕분에 우리는 상대방의 말을 더 깊이 이해하고 더 쉽게 받아들이게 됩니다. 그러면 오해를 한 채 대화라는 춤을 계속 추다가 벽에 부딪히거나 절벽으로 떨어지는 일 없이 두 단계의 대화를 무사히 마칠 수 있습니다.

↳ 감정적 위안 제공

이해받고 인정받는다는 것은 인간의 본질과 밀접하게 맞닿아 있습니다. 특히 사랑하는 사람이 내 생각과 감정, 소망을 이해하고 수용해 주면 안심되고 마음이 편해지며 위로받는 느낌이 듭니다. 반대로 사랑하는 사람이 나를 이해하지 못하거나 받아들여 주지 않으면 답답함과 실망을 느끼게 되죠. 거기서 그치지 않고 내 말이 틀렸다거나, 그런 식으로 느끼면 안 된다거나, 그런 걸 바라면 안 된다고 나를 부정하기까지 하면 몹시 고통스럽

고요.[5]

인간관계에서 타당화가 왜 그렇게 강력한 영향력을 발휘하는지 명확히 밝혀지지는 않았습니다. 먼 옛날 언어가 막 생겨났을 무렵부터 신체적 안전을 보장하는 역할을 했으리라 추정될 뿐입니다. "너 배고픈가 보구나. 먹을 걸 갖다 줄게"라든가 "겁을 먹은 모양이네. 우리 좀 더 안전한 데로 가자" 같은 식으로요. 물론 오늘날에도 감정적 '안전'을 보장해서 안정감을 제공하는 중요한 역할을 합니다.

아주 간단한 상황을 하나 상상해 보죠. 당신은 춥다고 느끼는데, 아무렇지 않아 보이는 누군가가 다가와서 방 안이 상당히 따뜻한데 추워하는 게 이해가 안 된다고 말합니다. 어떤 기분이 들까요? 부정적인 감정이 솟구쳐 올라오겠죠. 추위가 아니라 배고픔, 슬픔, 행복함, 걱정을 느낄 때도, 뭔가를 원하거나 원하지 않을 때도 마찬가지입니다.

↳ **부정적인 반응 억제(또는 전환)**

타당화는 마음을 진정시키는 효과가 있으므로 민감한 주제를 다루거나 이미 흥분한 상태로 대화를 나눌 때 특히 유용합니다. 상대의 감정, 소망, 목표, 의견 등을 이해하고 인정해 주면 흥분을 낮추거나 멈출 수 있고, 운이 좋다면 긍정적인 방향으로 전환할 수도 있죠. 더불어 흥분이 가라앉으면 상대방 또한 당신의 감정, 소망, 목표, 의견을 수용하기 쉬워집니다. 일종의 선순환이 완성되는 것이죠.

↳ 신뢰와 친밀감 강화

의견 충돌이 잦고 일단 부인부터 하는 습관이 든 연인들은 문자 그대로 상시 경계 태세를 유지하는 경향이 있습니다. 상대방이 내 말을 부정하려는 기미만 보여도 예민하게 반응한다는 뜻이죠. 이런 상황에서는 당연히 내가 하는 말을 상대방이 이해할 거라고, 내 경험이나 소망을 수용해 줄 거라고 신뢰할 수 없습니다. 하지만 다행히도 타당화는 불신을 해소하고 신뢰를 회복해 주는 도구가 됩니다. 당신의 이해와 수용을 느낀 상대방은 편안함에 이르러 경계를 풀죠. 이해와 안정감을 주고받고 있음을 느끼는 이런 순간이 바로 친밀감의 핵심입니다.

↳ 자존감 향상

사랑하는 사람의 말을 인정하고 수용했을 때의 이득이 하나 더 있습니다. 바로 본인의 자존감이 높아진다는 것이죠. 앞서 다뤘듯 흥분하면 상대를 비난하고 부인하는 말이 쉽게 튀어나옵니다. 그러다 흥분이 가라앉고 나면 내 말이나 행동에 상대가 상처받았겠다 싶고, 그러지 말 걸 그랬다는 후회가 밀려 옵니다. 이어서 실망과 죄책감, 당혹감을 느끼거나 자괴감에 빠지기도 하고요.

만약 벌컥 화를 내며 사랑하는 사람에게 면박을 주는 대신 잠깐 멈춰서 비판을 내려놓고 흥분을 가라앉힌 다음, 상대방과 자신의 진정한 목표에 집중했다고 상상해 봅시다. 그리고 상대방의 말을 인정하고 수용하는 거죠. 우선 이 시나리오에서는 상대방의 반응이 완전히 달라져 대화 자체가 긍정적으로 흘러갔을 가능성이 큽니다. 설사 대화의 결과가 달라지지 않았더라도 그 이후에 내가 느낄 자존감의 수준은 완전히 달라지죠.

상대방을 부인했다는 것은 자신을 통제하려는 노력을 포기했다는 뜻이기도 합니다. 반면 사랑하는 사람의 말을 수용했다는 것은 내가 갖춘 성숙함과 믿음직한 동반자가 되려고 기꺼이 노력했다는 증명과도 같아서, 그 결과 자존감이 부쩍 높아집니다.

어디까지 이해하고 어떻게 받아들여야 할까

이제 상대방의 말을 타당화하는 것이 얼마나 중요한지 이해하셨으리라 믿습니다. 하지만 타당하다는 것이 정확히 뭘까요? 상대방의 말에 꼭 동의할 필요가 없다면, 무엇을 어떻게 이해하고 수용해야 할까요?

이해와 수용의 영역

　지금까지 우리는 주로 감정을 이해하고 수용하는 데 초점을 맞췄습니다. 친밀한 관계에서는 특히 더 중요한 부분이기 때문이죠. 하지만 그밖에도 이해와 수용이 필요한 영역은 많습니다. 이번에는 감정을 포함해서 서로 관심(마음챙김)과 인정(비판하거나 부인하지 않는 태도), 타당화(그럴 만하다고 이해했음을 전하는 의사소통)로 반응해 줄 필요가 있는 여러 경험과 행동을 살펴봅니다.

　↳ 감정
　사랑하는 사람의 감정을 다양한 방식으로 타당화하는 것은 매우 중요합니다. 감정은 인간의 본질에서 중요한 부분을 차지합니다. 그만큼 서로의 감정을 타당화하는 과정은 서로의 삶을 공유하는 것과 같죠. 그 감정이 가벼운지 강렬한지, 고통스러운지 유쾌한지는 큰 상관이 없습니다. 고통스러운 감정을 이해하면 상대에게 위안이 되고, 유쾌한 감정을 이해하면 상대의 기쁨은 배가됩니다. 이는 상대의 경험에 뛰어들어 그 감정을 함께 나눈다는 뜻입니다. 그럼으로써 두 사람은 더욱 가까워져 유대감이 높아지고, 상대방 또한 나를 이해하고 수용하려 노력하게 되겠죠.

↳ 소망과 욕구

우리는 누구나 하고 싶은 일, 또는 바라는 바를 마음에 품고 살아갑니다. 이 가운데에는 꽤 중요한 것도, 비교적 가벼운 것도 있죠. 그게 무엇이든 사랑하는 사람이 살아가며 바라는 소망을 아는 것은 상대를 깊이 이해하는 데 큰 도움이 됩니다. 경제적 자유를 얻거나 자유로운 시간이 더 많아진다면 그 사람은 뭘 하고 싶을까요? 내 짝의 진정한 목표, 인생의 버킷리스트는 무엇일까요? 당장 다음 주말에는 뭘 원할까요? 소망이나 목표를 타당화해 주면 상대방은 내게 더 깊은 이야기를 털어놓을 겁니다. 반대로 무시하거나 부정한다면 상대방은 삶에서 중요한 부분을 나와 공유하지 않으려 하겠죠.

상대방의 소망을 듣고 그에 맞게 인정해 주면 됩니다. 특별히 더 친절을 베풀어 그 소망을 이루도록 격려하고 돕거나, 상대가 바라는 것을 얻지 못했을 때 위로해 주는 것도 방법입니다. 또한, 상대방이 바라는 바를 이루기 위해 계속 에너지를 쏟을지, 아니면 이제 내려놓고 다음 목표로 넘어가야 할지 현실적인 조언을 해 줄 수도 있습니다.

↳ 신념과 의견

사람은 다 각자의 의견이 있고, 그중 상당수는 스스로 굳게 믿는 신념에 가깝습니다. 감정이나 욕구와 마찬가지로 신념 또한 우리가 어떤 사람인지 알려 줍니다. 그렇기에 누군가가 나를 이해하고 내 생각이나 신념을 인정해 주면 마음이 편안해지죠. 어떻게 보면 이게 바로 우리가 동아리나 단체에 가입하고 취향이 비슷한 사람들과 어울리는 이유입니다.

하지만 의견이나 신념은 찬반이 갈릴 수 있고, 논란이 많은 쪽을 지지하는 사람일수록 방어적인 태도를 보이기 쉽습니다. 그렇기에 자신과 의견이 다르더라도 상대의 생각을 타당화하는 것이 중요합니다. 이는 상대방에게 자기 의견을 내세울 권리가 있으며, 그 의견을 인정한다는 뜻을 전할 수 있으니까요. 동의하지는 않더라도 상대의 관점을 존중하면 상대방은 굳이 방어적으로 행동할 필요가 없어집니다.

↳ 행동

상대방의 행동을 인정해 주는 것 역시 중요합니다. 상대방이 회사 일, 집안일, 취미 등에 들이는 노력을 알아봐 주는 것도 여기 포함됩니다. 상대방에게 조건 없이 사소한 친절을 베푸는 것도 훌륭한 타당화에 속하고요. 상대방이 하는 활동이나 행동에 관심을 보이고, 이를 높이 평가하는 것 또한 큰 의미가 있습니다. "레드삭스가 자기 응원팀 맞지? 누가 이겼어?"라든가 "방금 어머님하고 통화했어? 잘 지내신대?" 같은 질문은 상대방을 향한 관심과 인정(상대방이 하는 행동에 만족하며 딱히 이견이 없음)을 드러내기에 효과적인 방법입니다.

상대가 나를 위한 행동을 하고 있다면 그에 감사를 표해서 상대가 뭘 하는지 인지하고 있으며, 고맙게 여긴다는 뜻을 알릴 수도 있습니다. 사랑하는 사람이 내 행동을 알아주고 고마워하는 것은 누구에게나 기쁜 일이니까요.

이해와 수용의 표현 방식

사람의 경험이나 언행을 타당화하는 표현은 매우 다양합니다.[6] 그중 주요한 유형을 몇 가지 살펴보죠.

↳ 맞아, 그럴 수 있어

시시하게 들릴지 모르지만, 단순히 상대방의 경험이 실제 일어난 일이라고 인정해 주는 것도 매우 적극적인 타당화 표현입니다. 특히 당신이 상대방의 말에 동의하지 않을 때 더욱 큰 효과를 발휘하죠.

예를 살펴봅시다. 데이비드와 애니타는 온갖 문제를 두고 싸우는 연인이었습니다. 데이비드가 답답하다거나 슬프다고 말하면 애니타는 본인이 잘못한 것도 없는데 그렇게 느끼는 게 말이 안 된다고 받아쳤죠. 그러면 데이비드는 내 감정인데 왜 당신이 멋대로 판단하느냐고 따졌고, 그런 식으로 악순환이 반복됐습니다. 사실 데이비드가 슬프거나 답답하다고 하면 정말 그런 것인데도요. 최소한 속상하다는 건 사실이었죠. 데이비드가 애니타를 오해했거나 과민반응을 보인 것인지 아닌지와 상관없이 그 감정은 진짜였습니다.

하지만 애니타는 데이비드가 그럴 의도였든 아니든 그저 자신을 공격하고 비난한다고 느꼈습니다. 더불어 자신은 잘못한 게 없다고 믿었고요. 데이비드가 자기 마음을 더 자세하고 정확하게 표현했다면 상황은 훨씬 나아졌을 겁니다. "우리가 계속 부딪히고 싸워서 난 정말로 슬퍼. 너만이 아니라 '우리' 둘 다 문제가 있다는 건 알아. 네 탓을 하려는 게 아니야. 같이 문제를 잘 해결할 방법을 찾아봤으면 좋겠어."

마찬가지로 애니타 또한 다음과 같이 묘사를 활용했다면 자신의 흥분을 가라앉히고 데이비드의 비판을 잠재울 수 있었을 테지요. "알겠어, 우리가 자주 싸워서 너는 속상하고 슬프구나. 그 말을 들으니까 나도 슬프네. 나도 이 문제를 잘 풀어 나가고 싶어. 네 말대로 둘이 같이 시도해 볼 만한 방법이 분명히 있을 거야." 양쪽 모두 상대방에게 직접 들은 말 또는 자신이 직접 느낀 감정만 묘사하고 있다는 점에 주목하세요.

현실을 있는 그대로 묘사하는 것은 타당화 과정에서도 매우 중요한 역할을 합니다. 타이어에 펑크가 나면 그 원인이 우연(쓰레기차에서 도로로 떨어진 못을 밟음)이든, 부주의(누군가가 진입로에서 목공을 한 뒤 못을 치우지 않음)든, 계획(누가 일부러 주차된 당신 차 앞에 못을 놓아둠)이든 상관없이 불편합니다. 물론 펑크의 원인(왜 못이 거기 놓이게 됐는가)을 아는 것은 당신 기분에 영향을 미치고, 앞으로 펑크를 피하려면 취해야 할 조치도 달라지게 합니다. 하지만 불편하며 기분이 나빠질 만한 일이라는 사실에는 변함이 없죠.

흔히들 "감정은 항상 타당하다"라고 말합니다. 이는 대개 사람이 특정한 감정을 느끼는 데는 그럴 만한 이유가 있다는 뜻이죠. 오해에서 비롯된 반응일지라도, 사람이 어떤 감정을 느끼거나 뭔가를 바라거나 생각한다는 것은 그 자체로 사실입니다. 부정할 여지가 없습니다.

↳ 그 일 때문에 그랬구나

가끔은 상대가 과하거나 심지어 말이 안 되는 반응을 보이는 데도 왜 그러는지 이해가 갈 때가 있습니다. 가령 이전 연애에서 부정적인 경험을 했던 사람은 현재 관계에서 과민하거나 무감각한 반응을 보이기도 합니다. 이처럼 어떤 감정은 현재 상황만 따지면 말이 되지 않을지라도 예전 경험까지 고려하면 타당하다고 여겨질 수 있죠.

리즈는 몇 년간 아주 공격적이고 폭력적인 사람인 에런과 사귀었습니다. 그동안 리즈는 에런의 눈치를 보는 습관이 들었죠. 말로 공격당하거나 신체적 폭력을 당할 것 같은 순간을 예민하게 알아채야 했으니까요.

마침내 이 폭력적인 관계에서 벗어난 리즈는 1년 뒤 누구에게도 폭력적으로 굴지 않으며 다정하고 상냥한 남성인 숀을 만났습니다. 그런데 리즈는 자신과 전혀 관계없는 일로 숀이 화를 내도 움찔하며 뒤로 물러나는 모습을 보였습니다. 어리둥절한 숀은 리즈에게 화낸 게 아닌데 왜 본인이 기분이 상했느냐고 물었습니다. 하지만 이런 질문을 받으면 리즈는 더욱 겁을 냈기에 숀은 이해할 수 없더라도 일단 물러나 리즈의 반응을 받아들였습니다. 그리고 나중에 리즈가 진정되면 다정하게 안심시켰죠.

시간이 지나자 리즈는 자신이 에런과의 과거 탓에 과민반응을 보였다는 사실을 깨달았습니다. 숀이 "너에게 화낸 게 아니다"라고 했을 때는 트리거가 자극되어 학습된 공포가 되살아났던 것이고요. 에런은 입버릇처럼 "내가 너한테 심하게 굴고 괴롭히는 게 아니라 네가 제정신이 아닌 거다"라고 했거든요. 이런 사정을 들은 숀은 자기 탓이 아니었음을 알고 부담감을 내려놓았습니다. 그러자 리즈의 감정을 이해하고 수용할 수 있게 되었죠. "네가 불안해하는 마음 이해해. 지금 얘기해도 되고 나중에 해도 돼. 너 하고 싶은 대로 하자."

↳ 그건 정상이야

상대의 생각이나 감정, 행동이 너무 당연해서 누구라도 그럴 거라는 생각이 들 때도 있습니다. 예컨대 연인이 늦도록 술을 마시고 연락도 안 된다면 당연히 걱정하겠죠. 누구라도 그럴 겁니다. 연인이 출장을 가서 며칠이나 못 봤다면 누구나 보고 싶을 거고요. 회사에 불만이 많다면 누구든지 다른 직장을 원하겠죠. 딱 좋은 자리에 면접을 봤는데 떨어졌다면 당연히 실망할 겁니다. 누구라도요.

연습

1 지난번에 두 사람이 대화를 나눴을 때 상대방이 어떤 감정을 느꼈는지 생각해 봅시다. 그 감정이 타당해 보였나요? 어떤 면에서 타당하다고 생각하나요?

2 당신이 상대방에게 화가 났던 때를 떠올려 봅시다. 비판을 내려놓은 다음, 그때 상대방이 바라거나 느꼈던 것을 이해해 볼 여지가 있는지 곰곰이 되짚어 보세요. 당연하게도 상대방이 미치지는 않았을 테니 어딘가 말이 되는 구석이 틀림없이 있을 겁니다. 어떤 식으로 말이 되나요?

3 좋은 것이든 나쁜 것이든 사랑하는 사람의 소망, 생각, 감정, 행동을 인식하는 연습을 해 보세요. 상대의 경험

이나 행동이 어떤 식으로든 타당하다고 가정해 봅시다. 그리고 어떤 점이 타당하다고 생각되는지 짚어 보세요. 아직 상대방에게 말할 필요는 없고, 인식하는 연습에만 집중하면 됩니다.

4   앞부분에서 배운 기법들을 활용해서 흥분을 가라앉히고 비판을 내려놓으세요. 상대방의 감정, 욕구, 생각, 행동을 이해하기 쉬워지지는 않았나요?

5   사람들은 자신의 감정이나 욕구, 행동이 정상적이지 않을까 봐 걱정하는 경향이 있습니다. 하지만 실제로는 대개 정상이죠. 상대방이 어떤 반응을 했을 때 그게 정상적이라고 알려주는 것은 매우 효과적인 타당화에 속한다는 점을 기억하세요.

여섯 번째 수업

말과 행동에서
마음이 드러난다

지금까지 우리는 사랑하는 사람을 이해하고 수용한다는 표현이 얼마나 중요한지, 그리고 무엇을 이해하고 어디까지 수용해야 하는지 알아보았습니다. 이번 수업에서는 상대방의 감정, 소망, 의견 등을 말과 행동이라는 두 가지 수단으로 타당화하는 구체적 방법을 배워 볼 차례입니다.[1]

먼저 소개할 것은 언어적으로 상대에게 이해와 수용을 표현하는 방법입니다. 그 다음에는 무슨 말을 해야 할지 떠오르지 않거나 말보다 행동으로 보여 주어야 할 때 활용할 만한 비언어적 방식까지 살펴보겠습니다.

이해했음을 말로 표현하는 방법

상대방을 이해하고 수용함을 언어적으로, 즉 대화를 통해 전달하려면 구체적으로 어떻게 해야 할까요? 각 방법을 항목별로 나눠 설명했지만, 가끔은 한 번에 여러 방법을 섞어 사용하는 것이 효율적일 때도 있음을 기억하세요.

경청하며 리액션하기

마음챙김하는 태도로 상대를 바라보면 방어적이지 않고 열린 마음으로 상대의 경험을 받아들일 수 있게 됩니다. 당신이 지금 마음을 열고 관심을 쏟으며 열심히 귀 기울이고 있음을 상대에게 보여 주는 것은 매우 중요한 타당화 방식입니다. 그리고 이것은 대화 중에 일어나므로 언어적 타당화에 속합니다.

보통 이 방식은 두 단계로 이루어집니다. 첫째, 상대방을 마음챙김하며 관심을 집중하고, 비판적이거나 방어적인 생각을 내려놓고, 열린 마음으로 귀 기울입니다. 둘째, 내가 마음을 열고 적극적으로 경청하고 관심을 쏟으며 상대의 말이나 행동을 수용하고 있음을 넌지시 전달합니다.

그러기 위한 가장 간단한 방법은 읽던 책을 내려놓거나, TV 또는 컴퓨터를 끄는 등 원래 하던 활동을 멈추는 것입니다. 몸과 얼굴 근육의 긴장을 풀고, 상대와 시선을 맞추고 온전히 집중해서 들을 준비가 되었음을 상대에게 알리세요. 대화 중에도 잘 따라가고 있음을 알리는 작은 신호("정말?" "맞아" "그렇구나" 같은 추임

새)를 보내며 자연스럽게 반응하세요.

이렇게 열린 태도로 관심을 보이는 기본적인 타당화만으로도 상대가 충분히 자기 말이 이해받았다고 느끼게 할 수 있습니다. 물론 이것만으로는 부족할 때도 있죠. 하지만 더 많은 표현과 반응이 필요하더라도 이 방식은 타당화를 시작하는 기본입니다.

질문으로 확인하기

상대방의 경험을 이해했지만 확신할 수 없거나, 내가 이해한 내용이 왠지 상대방의 말과 약간 어긋난 것 같을 때도 있습니다. 그럴 때는 질문을 해서 확인하는(상대방이 틀렸다고 증명하려는 것이 아니라) 것도 괜찮은 타당화 방식에 속합니다.

가장 먼저 상대방이 표현한 내용 가운데 내가 이해하지 못한 부분이 있음을 인식해야 합니다. 그런 뒤 부드러운 말투로 내가 이해한 내용과 이해하지 못한 부분을 묘사하고, 확인을 요청하면 됩니다. 단, 오랫동안 갈등을 겪은 연인들에게는 질문 자체가 공격적으로 비치기 쉽다는 점을 잊지 마세요. 그럴 때는 상대방의 말이나 경험을 의심하는 듯한 질문을 하지 않도록 주의해야 합니다. 상대방을 받아들일 준비가 되어 있으나 완전히 이해하지 못했을 뿐이며, 진심으로 이해하고 싶어 한다는 뜻을 전달하세요.

막 통화를 마친 미란다가 몹시 속상해 보이자, 알렉스는 무슨 일인지 물었습니다. 미란다는 다음 달에 오신다던 부모님이 안 오시기로 해서 속상하다고 했죠. 알렉스는 혼란스러워졌습니다. 자기가 알기로 그 주에는 일도 많고 선약도 있어서 미란다가 부모님 방문을 미루고 싶어 했거든요. 그래서 알렉스는 미란다에게 가까이 다가서서 편안한 태도로 눈을 맞추며 상냥하게 말했습니다. "자기, 속상하고 실망한 것 같은 표정이네. 그런데 나는 자기가 부모님 오시는 걸 미루고 싶어 하는 줄 알았거든. 내가 모르는 게 있는 모양인데, 왜 그렇게 속상해진 거야?"

감정을 인정받고 확인하는 질문을 들은 미란다는 이렇게 대답했죠. "음, 네 말이 맞아. 원래 미루려고 했지. 그런데 날짜를 바꾸자고 했더니 부모님이 엄청 서운하셨나 봐. 딱 그 주만 안 되는 거고, 꼭 오시면 좋겠다고 했는데도 이해를 못 하시더라고. 그래서 이제 추수감사절 때나 돼야 오시겠다잖아. 이걸 바란 게 아닌데!" 이제 사정을 이해한 알렉스는 미란다의 감정을 온전히 타당화하며 지지와 격려를 제공하고, 나아가 미란다가 부모님을 설득할 방법을 찾는 것까지 도울 수 있었습니다.

가끔은 말하는 쪽이 한꺼번에 여러 감정을 두서없이 표현해서 듣는 쪽이 혼란을 느낄 때도 있습니다. 혹은 내가 보기에는 분명히 상대방이 이러이러한 감정을 느낄 법한데, 상대방이 빠뜨리고 표현하지 않을 때도 있고요. 예시를 살펴봅시다. 집에 돌아온 에릭은 현관문을 쾅 닫고 쿵쿵거리며 들어왔습니다. 해나는 에릭에게 말했죠. "자기, 화가 난 것 같은데, 무슨 일 있어?" 알고 보니 에릭이 몇 주 동안이나 공을 들이고 회사 다니는 낙이라고 할 정도로 마음에 들어 했던 프로젝트가 취소되고 만 것이었습니다. "어처구니가 없어. 내가 그렇게 애쓰는 걸 뻔히 봐 놓고 이제 와서 뒤엎는다고? 그게 너무 화가 나!"

해나도 한눈에 에릭이 화났다는 사실을 알 수 있었습니다. 예전에 에릭이 신이 나서 그 프로젝트에서 중요한 역할을 하고 싶다고 여러 번 말했던 것도 기억났죠. 그런 마음을 알고 있었기에 해나는 에릭이 그냥 화가 난 게 아니라 몹시 실망스러운 게 아닐까 생각했습니다. 그래서 에릭에게 바싹 다가앉아 어깨를 토닥이며 위로하고, 다양한 방식으로 감정을 타당화해 주면서 혹시 실망하지는 않았는지 물었습니다. "아, 정말 너무하네. 당연히 화가 나겠다. 나 같아도 그럴 거야. 게다가 너는 이 프로젝트에 정성을 많이 쏟았으니까 더 실망했을 것 같네. 그렇지?"

에릭은 여전히 화가 나 있었지만, 해나의 위로에 마음이 다소 편해졌습니다. 해나의 손길, 다정한 목소리, 이해하고 인정하고 지지해 주는 태도에 기분이 누그러지고 흥분이 가라앉았죠.

그러자 에릭은 자신이 실제로 실망했다는 사실을 깨달았습니다. 몹시 짜증이 난 상태에서 상사를 비난하느라 스스로 눈치채지 못했던 것뿐이었죠. 부정적인 감정일지라도 진정한 1차 감정은 실망이었고, 그 감정을 알아채고 해나와 얘기를 나누자 감정을 다루기 쉬워졌습니다.

여기서 주목할 점은 해나가 에릭 본인보다도 빨리 에릭의 실망을 눈치챘다는 것입니다. 서로 속속들이 아는 연인들에게는 흔히 일어나는 일이죠. 사건을 직접 겪은 본인보다 간접적으로 듣는 쪽이 아무래도 더 이성적이고, 비판적 사고와 흥분에 휩쓸리지 않아서 상황을 더 명확히 파악할 수 있기 때문입니다.

더불어 해나가 에릭의 감정을 예상했음에도 "너는 실망한 거야"라고 함부로 단정 짓지 않았다는 점도 주목해야 합니다. 우선 에릭 본인은 아직 흥분과 비판 뒤에 '숨어' 있던 실망을 제대로 인식하지 못한 상태였습니다. 따라서 단정적인 말을 들었다면 자기 감정을 부인당한다고 여겼을지도 모릅니다. 그리고 혹시라도 해나가 헛짚었다면 에릭은 자기를 이해하지 못하는 해나에게 거리감을 느꼈을 테고요. 그러므로 이럴 때는 섣불리 단정하지 않고 상대방에게 확인하는 것이 중요합니다.

> **연습**
>
> 1 상대방의 말, 소망, 감정을 제대로 이해했는지 확신이 서지 않을 때마다 질문으로 확인하는 연습을 해 보세요. 이해하고 싶다는 마음을 담아서 공격적이지 않은 방식으로 질문해야 한다는 점에 주의하세요. 자신의 표정이나 자세, 긴장한 정도, 어조에 신경 써야 합니다. 말하기 전에 잠시 상대방을 마음챙김하는 것도 잊지 마세요.
>
> 2 확인하기 위해 어떤 식으로 질문하는 것이 가장 좋을지 둘이 함께 의논해 보세요. 상대방의 의견을 귀담아들은 다음 불안감이나 방어 본능을 자극하지 않고 명확한 답을 끌어낼 만한 방식을 골라 보세요.

잘못을 짚어 주되 공감하기

연인 사이에 한쪽이 일을 망치거나, 커다란 실수를 저지르거나, 문제를 일으키거나, 나쁜 행동을 했다면 양쪽 모두 흥분하기 쉽습니다. 이럴 때일수록 타당화가 중요하지만, 그러기가 말처럼 쉽지는 않죠.

우선 상대방이 잘못이나 실수를 저지르고 특정 감정을 느끼고 있다면, 그 감정에 대해서는 이해하고 수용해 주어야 한다는 점을 기억하세요. 물론 비참한 기분을 느꼈다고 해서 자신 또는 타인에게 해로운 행동을 하는 것은 당연하지 않습니다. 가령 어느 한쪽이 술을 마시고 운전대를 잡거나, 물건을 던져 부수거나, 약물을 과용하거나, 무단결근을 했다고 치죠. 잘못된 행동은 타당화 대상이 아니지만(그런 일이 실제로 일어났음을 받아들이는 것 외에는), 그런 행동에 이르게 된 감정과 그 결과로 느끼게 된 감정은 이해하고 수용할 수 있습니다.

여기서 핵심은 나 또는 상대방이 심각한 일을 저질렀더라도 넓게 봐야 한다는 점입니다. 최근에 저지른 실수나 최악의 행동 하나가 그 사람을 정의하지는 않습니다. 사람은 누구나 부족한 점과 좋은 점을 두루 갖춘 다면적 존재죠. 그러므로 첫 번째 단계는 큰 맥락을 떠올려야 합니다. 상대는 내가 사랑하는 사람이며, 사랑받아 마땅한 좋은 점도 많다는 사실을요. 다음 단계는 그 사람이 잘못된 행동을 할 때도 그 나름의 이유가 있음을 이해하는 것입니다. 남에게 해를 끼치는 행동을 변호하라는 말이 아니라, 비판적으로만 바라보지 말고 현실을 받아들인 다음 앞으로 나아가라는 뜻입니다.

상대방이 겪은 일에서 타당한 부분은 인정해 줄 필요가 있습니다. 주로 감정과 욕구가 여기 해당하죠. 이를테면 그간 직장에서 너무 힘들었던 연인이 오늘 충동적으로 사표를 던졌고, 그 탓에 결혼 준비가 막막해졌다고 합시다. 당신은 얼마나 힘들었으면 그런 식으로 뛰쳐나왔을까 하고 이해해 줄 수는 있습니다. 그렇다고 그런 충동적인 행동에 동의해야 한다는 뜻은 전혀 아닙니다. 비난하지 않는 태도로 현 상황에 대한 자기 반응을 정확히 표현하는 것이 중요하죠.

상대방이 잘못이나 실수를 저질렀을 때는 타당한 부분을 인정해 주되 타당하지 않은 부분은 짚어 줄 수 있어야 합니다. 예를 들어 엄청나게 고달픈 하루를 보낸 연인이 지칠 대로 지치고 감정적으로 몹시 힘들어하며 집에 돌아왔습니다. 이는 당연히 이해할 만한 일이며, 이런 경험을 타당화해 주는 것은 상대에게 도움이 됩니다. 그런데 상대방이 부정적인 감정에서 벗어나려고 술을 마시거나 약물에 의존하고 싶은 충동을 느낀다고 합시다. 그런 충동을 느끼는 것까지는 비교적 타당하지만, 실제 음주나 약물 사용으로 이어지면 부정적인 감정을 다루는 '타당한' 방식이 아니죠.

헨리와 더 많은 시간을 보내고 싶었던 웬디는 자신에게 신경을 좀 더 써 달라고 종종 부탁했습니다. 하지만 헨리는 웬디의 욕구를 부인했습니다. "어떻게 그렇게 항상 딱 붙어 있어? 왜 이렇게 피곤하게 보채고 징징거리는 거야." 이내 웬디는 부정적인 감정에 휩싸였고, 수치심을 이기지 못하고 자기비판에 빠졌습니다. "헨리 말이 맞아. 내가 너무 징징대나 봐. 나처럼 한심한 여자를 만난 헨리만 불쌍하지." 그러다 너무 막막해진 나머지 죽고 싶다는 생각까지 하게 되었죠.

이럴 때 헨리를 비롯한 주변 사람들이 웬디의 감정(두려움, 실망, 좌절감, 절망, 수치심)을 인정하고 수용해 주었다면 큰 도움이 되었을 겁니다. 자신이 만족할 만큼 시간을 보내 주는 법이 거의 없었던 헨리에게 웬디가 좌절감을 느끼는 것은 당연한 일이었으니까요. 마찬가지로 사랑하는 사람에게 부인당하면 초라하고 부끄럽게 느껴지는 것도 정상적인 반응이고요. 나아가 자살 충동을 느낀다는 사실을 이해하고 수용하는 것(네가 죽고 싶다는 생각이 드는 건 알겠어)도 중요하죠.

하지만 자살(또는 음주, 약물 복용, 공격성, 폭력)을 정당한 선택지로 받아들이지는 않아야 합니다. 간단히 말해 상황을 고려할 때 감정은 타당화될 수 있지만, 바람직하지 않은 '해결책'까지 타당화해서는 안 된다는 뜻입니다. 장기적으로 볼 때 오히려 그런 방법은 해당 문제는 물론 삶 자체와 인간관계를 파괴합니다.

참고로 자기 자신이든 타인이든, 누군가를 비하하거나 평가 절하하는 비판은 인정과 수용의 대상에 속하지 않습니다. 그런 말에 동조하면 상황이 복잡해지거든요. 가령 연인 사이에 한쪽이 뭔가를 잘못해서 자신이 아무짝에도 쓸모없는 인간이라며 자책하고 있다고 합시다. 다른 한쪽도 화가 난 상태라면 상대방의 자책에 동의하기 쉽죠. 하지만 이때의 동의는 인정이 아니라 상대를 한층 더 부인하는 행위일 뿐입니다. 그 상황에서는 다음과 같은 식으로 자기 생각을 비판적이지 않게 묘사하는 것이 훨씬 정확하고 바람직한 반응이죠. "음, 네가 그렇게 행동하지 않았다면 좋았을 텐데, 확실히 좀 해결하기 어렵게 되기는 했네."

한편, 둘의 관계가 좋을 때는 한쪽이 상사나 이웃 사람 등 타인을 비난할 때 편을 들어 주면서 동조하기 쉽습니다. 하지만 장기적인 관점에서 보면 같이 비판에 열을 올리는 것보다 상대방의 정확한 감정이나 욕구를 찾아내서 수용하는 것이 훨씬 바람직합니다. "그러게, 그 사람 진짜 재수 없네"보다는 "네가 그 사람한테 화가 난 것도 당연하네"라든가 "내일 또 그 사람하고 일해야 한다니 짜증 날 만도 하네"라고 말하는 편이 낫다는 뜻이죠. 궁극적으로는 자신의 상식과 가치관을 기준 삼아 무엇을 어떻게 타당화할지 정립할 수 있어야 합니다.

연습

1. 최근이든 오래전이든 자신이 했던 일 중에 잘못한 행동을 하나 떠올려 보세요. 그렇게 행동하게 된 원인은 무엇이었나요? 그때 느낀 감정은 타당했나요? 어떤 점에

서 타당했나요? 그렇게 행동한 뒤에는 어떤 기분이었나요? 사랑하는 사람이 당신에게 어떤 말을 해 주었다면 (그렇게 행동해도 괜찮다는 말은 제외) 도움이 되었을까요?

2 사랑하는 사람과 함께 그런 상황에서 서로 어떻게 대하는 것이 좋을지 이야기를 나눠 보세요. 어떻게 해야 생산적일까요? 어떻게 하면 문제 있는 행동을 옹호하지 않으면서 타당한 부분을 인정해 줄 수 있을까요?

3 오래전이라 기억이 생생하지 않아서 감정을 지나치게 자극하지 않는 상황을 하나 고르세요. 그 상황을 쭉 복기하면서 타당한 부분을 찾아 이해하고 수용하는 연습을 해 보세요. 그러는 동안 사랑하는 사람을 넓은 맥락에서 바라보는 것을 잊지 마세요.

4 사랑하는 사람이 자책할 때 비판에는 동조하지 않으면서 그 밑에 숨은 감정을 타당화하려고 노력해 보세요. 상대방이 다른 사람을 비판할 때도 똑같이 해 보세요. 비판이 아니라 묘사에 집중하면 자기 가치관을 지키면서도 두 사람 모두 기분이 나아지게 할 수 있다는 점을 기억하세요. 상대방이 한 행동과 당신의 반응, 싫고 좋은 것, 하고 싶은 것과 하기 싫은 것에 초점을 맞추세요.

그럴 만한 이유가 있을 거라고 믿기

　상대방의 과거 경험을 들여다봄으로써 현재 반응의 타당함을 인정하는 것도 중요합니다. 다섯 번째 수업에서 다룬 예시에서 리즈는 숀이 위협적으로 행동한 적이 전혀 없는데도 두려워하는 반응을 보였습니다. 이는 예전 남자 친구에게 학대당한 경험 탓이었죠. 그런 경험을 고려하면 리즈의 두려움은 충분히 이해할 수 있습니다.

　사람들이 보이는 반응 중 상당수는 학습된 것입니다. 예컨대 주변 사람들이 모두 일관성 있고, 온건하고, 정직하다면 우리는 사람을 쉽게 믿을 겁니다. 반대로 주변에 부정직하고 변덕스러우며 상대를 이용하려 드는 사람이 많다면 몸을 사리고 조심하는 법을 배우겠죠. 여기서 문제는 개인이 특정 반응을 학습하게 된 원인을 파악하기 어려울 때가 많다는 데 있습니다.

　이해하고 수용한다는 것은 그 사람에게 그럴 만한 이유가 있을 거라고 최대한 호의적으로 해석해 준다는 의미이기도 합니다. 사랑하는 사람이 말이 안 되는 반응을 보인다면 과거에 그럴 만한 일이 있었으리라고, 그걸 알게 되면 이해가 갈 거라고 여기는 거죠. 또, 그 사람이 수수께끼 같은 행동을 해도 내가 모르는 무슨 이유가 있을 거라고 믿는 겁니다.

　연인들은 평소에 상대방이 어떻게 살아왔는지, 가정 환경은 어떻고 예전에는 어떤 사람을 만났는지 알아 두는 편이 바람직합니다. 꼬치꼬치 캐물으라는 게 아니라 상대방을 더 깊이 이해하려고 노력하자는 것이죠. 그러면 상대가 알쏭달쏭한 반응을 보일 때도 선의로 해석해 주기가 더 쉬워집니다.

하지만 상대에게 그럴 만한 과거의 이유가 있었다고 해도 현재 상황을 함께 고려해야 합니다. 현재에 다른 원인이 있는지를 확인할 때도 질문하는 과정이 필요하다는 점을 잊지 마세요.

연습

1. 사랑하는 사람과 지금껏 살아온 이야기를 나누세요. 각자 가정사나 연애사 가운데 자신의 반응 패턴에 큰 영향을 미쳤다고 생각하는 사건 하나를 골라 공유하세요. 대화를 나누면서 상대방의 과거 경험을 근거로 현재의 반응을 인정하고 수용하세요. "그 이야기를 듣고 나니까 네가 내 눈치를 보는 것도 이해가 가."

2. 타당화한 뒤에는 자신의 반응을 정확한 표현으로 정리해서 확인시켜 주는 것도 좋습니다. "하지만 우리가 얘기를 나눌 때 내가 전혀 그런 식으로 느끼지 않는다는 걸 네가 알아줬으면 좋겠어."

당연하다고 인정해 주기

　상대방의 반응이 바로 이해될 때도 많습니다. 누구라도 그렇게 반응할 만큼 당연하다는 뜻이죠. 이런 상황에서는 상대의 감정이나 욕구, 행동이 보편적이라고 인정해 주기만 해도 타당화가 성립됩니다. 뭔가를 잃거나 원하던 것을 얻지 못하면 슬퍼하거나 실망하죠. 사랑하는 사람과 떨어져 지내면 보고 싶어지고요. 내 힘으로 어쩔 수 없는 나쁜 일이 일어나면 좌절하고, 원하던 바를 이루면 행복이나 만족감을 느낍니다. 이런 반응들은 당연하니까요.
　이 같은 '당연함'을 더 쉽게 찾아내는 방법은 한 걸음 물러나 보편적인 관점에서 상황을 바라보는 것입니다. 나와 상관없는 상황에서는 이 방법을 실천하기가 그리 어렵지 않습니다. 여자 친구의 부모님이 심하게 편찮으시면 당연히 슬프고 걱정되겠죠. 남자 친구가 오랫동안 바라던 승진이 결정되면 뛸 듯이 기쁠 겁니다. 한편, 둘이 한창 싸우던 중에 당신이 모진 말을 내뱉었다면 어떨까요? 이론적으로는 상대방이 상처받았음을 쉽게 이해할 수 있어야겠지요. 하지만 흥분해서 머릿속에 비판적 사고가 가득한 상태에서는 상대 탓으로 돌리기 십상입니다. "애초에 네가 날 비난하지 않았으면 나도 그런 말을 안 했겠지."
　반대로 당신이 상대방의 상처를 인정하고 수용했다고 가정해 보죠. 이렇게 말했다면 어땠을까요. "당연히 네 마음이 아플 것 같아. 내가 아주 못된 말을 했으니까." 흥미로운 것은 이런 간단한 말로도 상황이 더 나빠지는 걸 멈출 수 있다는 점입니다. 여전히 화해의 과정은 필요하겠지만, 적어도 수습 불가능할 정도로 사태가 치닫는 것은 막을 수 있습니다. 아주 심각한 갈등 상황에서 타당화가 필요한 경우는 다음 수업에서 더 자세히 다룰 예정입니다. 지금은 비교적 갈등이 심하지 않은 상황에서 연습해 보는 것으로 충분합니다.

연습

1 우리가 사랑하는 사람도 일반적으로 다른 사람들과 똑같이 반응할 때가 많다는 점에 주목해 봅시다. 매일 여러 번, 잠깐씩 다음과 같이 분석하는 연습을 해 보세요. '저 사람은 이렇게 느끼는구나. 다른 사람들도 보통 이런 상황에서는 그런 기분일 거야.' '그 사람은 이걸 바라는구나. 다들 이럴 때는 같은 걸 바라겠지.' 곰곰이 생각한 다음 마음에 담아 두세요.

2 이제 당신과 관계없는 상황에서부터 이 방식으로 인정하고 수용했음을 표현해 보세요. 단순히 "네가 그렇게 느낀/바란/행동한 건 당연해. 누구라도 그랬을 거야"라고

하면 됩니다. 아니면 당신만의 표현으로 상대의 반응이나 행동이 보편적이고 합리적임을 전달해도 좋습니다.

3   이번에는 당신과 관련된 갈등 상황에서 이 방식의 타당화를 연습할 차례입니다. 잠시 물러나서 상대방의 반응이 보편적인지 생각해 보세요. 만약 그렇다면 상대에게 그렇게 말해 주세요. 이런 타당화가 두 사람의 대화에 어떤 영향을 미치는지 관찰하세요.

"나도 그래"라는 말로 공감하기

마음이 너그러운 상태일 때 "나도 그래"라는 말로 공감하기는 어렵지 않습니다. 하지만 상황이 좋지 않고 부정적인 감정이 솟구치는 와중에 어느 한쪽이 감정적으로 취약한 부분을 드러낸다면 어떨까요? 한 예로 재스민과 재러드 커플은 한동안 싸우고 서로 피하는 악순환에 갇혀 좀처럼 출구를 찾지 못하고 있었습니다. 둘 다 신경이 바짝 곤두서서 서로 비난하거나 부인할 낌새만 보여도 방어벽을 세우기에 급급했죠.

하지만 마음챙김으로 자기 진심을 들여다본 재러드는 자신이 재스민을 그리워하며 과거를 뒤로 하고 관계를 회복하고 싶어 한다는 사실을 깨달았습니다. 그래서 어느날 저녁 식사 후에 재스민에게 이렇게 말했죠. "우리 사이가 벌어진 지 꽤 오래됐잖아. 나는 그 생각을 하면 정말 슬퍼. 나는 더 잘해 보고 싶고, 우리가 더 잘할 수 있다고 생각해. 다시 예전으로 돌아가고 싶어. 지금도 너를 많이 사랑해."

이렇게 한쪽이 마음을 열고 취약한 진심을 드러낸 상황에서는 "그러게, 정말 슬퍼 보이네"라고 감정을 인정하거나 "누구라도 그렇게 느낄 거야"라고 보편화하는 것은 타당화에 해당하지 않습니다. 이럴 때는 내 쪽에서도 속마음을 드러내야 하죠. 처음에 재스민은 어깨와 등이 뻣뻣하게 굳을 정도로 두려움을 느꼈습니다. 그러나 재러드의 말에 귀 기울이며 근육의 긴장을 풀려고 노력했고, 솟구치는 비판적 사고를 무시하면서 상대와 현재에 집중하려고 애썼죠.

이렇게 비판을 내려놓고 적극적으로 경청하던 재스민은 울컥 솟구치는 감정을 느꼈고, 최근 두 사람의 관계를 뒤덮은 불신과 분노에 가려졌던 애정을 새삼 깨달았습니다. 재스민이 "나도 여전히 널 많이 사랑해"라고 대답하자 재러드의 몸에서도 긴장이 스르르 빠져나갔죠. 그 뒤로 두 사람은 비난을 그만두고 서로 꼭 안아 주면서 마음챙김을 통해 애정과 신뢰를 되새겼고, 관계 회복의 첫 단추를 끼울 수 있었습니다.

단적으로 말해서, 서로 약한 마음을 드러내는 이 과정에 필요한 말은 "나도 그래"라는 두 단어로 요약할 수 있습니다. 그 안에 "나도 너만큼 우리 관계에 진지하고, 내가 너한테 중요한 만큼 너도 나한테 중요한 사람이고, 나도 이 상황이 잘 해결됐으면 좋겠고, 우리 사이에 문제가 있어서 나도 너만큼 마음이 아파"라는 뜻이 담겨 있죠. 사실 사랑하는 사람의 속마음을 진정으로 깨닫게 되면 온갖 감정(주로 애정, 유대감, 연민)이 휘몰아쳐서 길게 말하기가 어렵습니다. 다행스럽게도 웬만한 상황에서는 이 말 한마디면 얼마든지 건설적인 대화가 가능해집니다.

연습

1. 마음속으로 자신의 취약한 부분을 드러내는 연습을 해보세요. 적절한 상황에서 "나도 그래"라고 말하는 모습을 상상하세요. 진정성이 담겨 있나요? 그런 순간에 상대방에게 실제로 진심을 드러내려면 어떤 기술을 갈고 닦아야 할까요? <u>스스로 필요하다고 생각하는 기술을 골라 연습하세요.</u>

2. 이제 실제로 방어벽을 내리고 상대의 진심에 화답해 보

세요. 마음의 문을 열고 상대의 어조와 행동에 맞춰 "나도 그래"라고 답해(말로든 행동으로든) 보세요.

한 번의 행동이 필요한 순간

　말을 하지 않고도 상대를 이해하고 수용한다는 뜻을 보여 줄 수도 있습니다. 열 마디의 말보다 한 번의 행동이 필요한 순간도 있으니까요. 가령 소파에서 잠든 연인이 몸을 살짝 떠는 것을 보고 굳이 깨워서 "자기, 추운 모양이네"라든가 "실내 온도가 16도 밖에 안 되잖아! 누구라도 추운 게 당연하지"라고 말하지는 않을 겁니다. 정말로 그런다면 도움도 안 될뿐더러 바보 같은 짓이죠. 대신 담요를 덮어 주거나, 난방을 켜거나, 옆에 누워서 체온을 나눠 주는 편이 훨씬 낫습니다. 이런 행동이야말로 상대가 느끼는 추위를 진심으로 이해하고 수용하는 표현입니다.
　행동으로 보여 주는 타당화 또한 감정이 격해지지 않았을 때는 그리 어렵지 않습니다. 하지만 다툼이 잦은 연인들은 이미 반사적으로 반발하는 경우가 많으므로 주의가 필요합니다. 먼저 무엇이 사실인지 자문하며 파악하고 묘사에 집중하세요. 상대방이 피곤하다거나 배가 고프다고 말하면 곧이곧대로 받아들이세요. 외식하고 싶다거나 회사에 가기 싫다고 하면 믿어 주세요. 다만 사실이라고 믿는다는 게 꼭 거기 맞춰 움직여야 한다는 것은 아닙니다.

예를 들어 상대방이 피곤할 때는 어떻게 해야 도움이 될까요? 도와달라는 부탁을 받았든 아니든 고민해야 합니다. 연인이 무거운 짐을 들고 힘들게 걷고 있다면 나눠 들어 주는 식이죠. 진심이 담겨 있는 행동은 이해와 수용을 보여 주는 방법입니다. 연인이 여행을 가고 싶다고 하면 어떨까요? 경제적 사정과 시간, 컨디션이 괜찮은지 살펴봐야겠죠. 전부 괜찮다면 여행을 가면 됩니다. 하지만 조건이 충족되지 않으면 상대의 욕구를 부정하지 않으면서 우려되는 상황을 공유합니다. "여행을 가고 싶은 마음은 알겠는데, 요즘 지출이 많았어서 걱정되네"라고 말하고, 타협할 수 있는 부분을 찾는 거죠.

간단히 말해서 상대방이 뭔가를 요청하거나 욕구를 표현할 때 거기 따라 주는 것이 자신에게 아무런 해가 되지 않는다면 그 말대로 행동하면 됩니다. 하지만 솔직히 마음에 걸릴 때는 다른 해결책을 찾거나, 말로 타당화하는 편이 낫습니다.

새러와 매트는 한 사람이 요리하면 다른 사람이 설거지하기로 규칙을 정해 두었습니다. 오늘은 매트가 요리를 했으니 새러가 설거지를 할 차례였죠. 그런데 오늘따라 일이 많아서 너무 피곤했던 새러는 이렇게 말했습니다. "오늘은 너무 피곤해서 정말 설거지하기 싫다." 그 말을 들은 매트는 자신에게 설거지를 시키려고 꺼낸 말인가 하는 의심도 들었지만 새러의 말을 믿었죠.

일단 비판(나한테 슬쩍 떠넘기려고 하면 안 되지)을 내려놓고 나니 정말 피곤할 때는 누구라도 자기 일을 남에게 맡기고 싶어지겠다는 생각에 미쳤습니다. 그래서 매트는 그냥 자기가 설거지를 하기로 했죠. 새러는 무척 고마워할 테고, 자신은 그리 피곤하지 않았거든요. 이럴 때 설거지를 대신해 주는 것은 새러의 피곤함을 인정하고 수용해 주는 행동이자 매우 바람직한 반응입니다.

하지만 이런 상황이 너무 반복적이고, 나는 자주 도와주는데 상대는 내 일을 대신해 준 적이 거의 없다는 생각이 든다면 공감하는 말만 해 줘도 충분합니다. "그러게, 자기. 정말 피곤해 보이네. 오늘 무슨 일 있었어?" 그러면서 새러가 설거지를 하는 동안 말동무가 되어 주는 거죠. 이런 유형의 언어적 타당화는 설거지를 대신해 주지 않아도 이해와 수용을 표현할 수 있습니다.

그러나 한쪽이 다른 한쪽에게 직접적으로 뭔가를 부탁한 상황이라면 조금 더 복잡해집니다. 물론 부탁받은 대로 해 주는 것이 타당화겠죠. 내 자존감을 희생하지 않고도 기꺼이 들어줄 만한 부탁이라면 그렇게 하면 됩니다. 하지만 불가능한 일이라면 당연히 들어줄 수 없을 겁니다. 또한, 옳고 그름을 따지는 비판적 이유를 '배제'했는데도 내키지 않는다면 하지 않아도 됩니다. 다만, 거절하더라도 상대방에게 그런 걸 바라서는 안 된다고 강요하지 말아야 합니다. 당신에게 타당화를 기대했던 상대방이 실망할 테니까요.

예를 하나 살펴보죠. 진저는 춤추기를 무척 좋아했지만, 프레드는 전혀 그렇지 않았습니다. 프레드는 진저가 춤을 못 추는 자신에게 자꾸 춤추러 가자고 요구하는 건 부당하며, 애초에 그런 걸 바라는 것 자체가 문제라고 생각했죠. 하지만 프레드가 진저의 욕구와 취향을 인정해 주며 "네가 춤추러 가고 싶은 건 알겠어. 그런데 난 정말 춤이 젬병이라 가 봤자 재미가 없어"라고 말하자 진저는 이를 선선히 받아들였습니다. 여기서 한 발짝 더 나간다면 진저가 겉으로 드러내지는 않은 실망을 타당화해 줄 수도 있습니다. "내가 항상 안 가겠다고 해서 너는 좀 실망스럽지." 더불어 대안을 제시하는 것도 좋은 방법이고요. "둘이 함께 즐길 만한 다른 활동을 찾아보면 어떨까?"

왜 부탁을 거절할 수밖에 없었는지, 비판에 근거하지 않은 자기 나름의 이유를 상대에게 알려 주는 것도 중요합니다. 그렇지 않으면 상대방은 당신이 속 좁게 굴고 트집을 잡는다고 여기기 쉬우니까요. 마음챙김 기법을 사용해서 자기 생각과 감정을 정확히 전달하세요. 방어적이거나 비판적인 말투를 피하고 차분하고 애정 어린 어조를 사용하면서 상대방의 실망감을 알아주세요.

연습

1. 일상적으로 상대방에게 행동으로 반응하는 연습을 해보세요. 상대가 힘들어할 때 도움을 주고, 스트레스를 받으면 토닥여 주세요. 부담은 나눠 짊어지고, 기쁜 일은 함께 즐기세요.

2. 상대방의 부탁을 거절하기로 마음먹었더라도, 상대의 실망감을 말로 인정해 주는 법을 연습하세요.

3. 일상적으로 적극적인 행동을 연습하세요.

일곱 번째 수업

언제나
너그러움을 유지하라

이번 수업에서는 감정이 좋지 않은 상황에서도 사랑하는 사람을 이해하고 수용하는 태도를 유지하는 방법에 대해 배워 봅니다. 그러려면 상대방에게 비난받거나 부인당한 뒤에도 감정의 균형을 잡을 수 있어야 하죠. 더불어 내가 사랑하는 사람을 부인해 버렸을 때 수습하는 법도 살펴보겠습니다. 사실 부인당한 쪽이 본인이든 상대방이든, 상처 난 마음을 회복시키는 기술은 별로 다르지 않습니다. 다소 의외일지 몰라도 자기 경험과 욕구부터 인정할 줄 알아야 합니다.

나 자신을
사랑하는 연습

나 자신을 이해하고 인정하는 태도를 갖추면 다양한 상황에 도움이 됩니다.[1] 당연하게도 타인을 타당화했던 방법을 나 자신에게도 활용하면 됩니다. 이는 첫 번째 수업에서 다뤘던 마음챙김과 자기 인식의 확장이라고 할 수 있죠. 우선 자기 경험과 행동, 감정, 감각, 소망, 생각에 관심을 집중합니다. 그런 다음 이를 받아들일 방법을 생각하고, 이런 자기 수용과 인정을 통해 내적 균형을 되찾습니다. 그러고 나면 자기 뜻을 더 정확히 표현할 수 있게 되고, 그 결과 상대방을 받아들이기도 더 쉬워집니다.

자기 타당화 기술

먼저 자기 경험 중에 타당화할 대상(감정, 욕구, 감각 등 타당한 무언가)을 찾고, 그것을 받아들이고 인정하는 방식으로 반응하면 됩니다. 또한, 비판하지 않는 태도도 중요합니다. 물론 그렇다고 틀렸다고 생각하면서도 우기거나 뭐든 다 괜찮다고 말하라는 뜻은 아닙니다. 자기 타당화 또한 사실을 정확히 인식하고 묘사하는 데서 출발합니다. 비판을 내려놓고 자신을 있는 그대로 받아들이세요. 지금 여기 존재하는 당신은 자신의 감정, 소망, 생각을 알고 있습니다. 아직 혼란스럽다면 그 상태 그대로 받아들이면 됩니다. 이게 바로 '사실'입니다.

다른 사람들이 어떻게 생각하든 상관없이 당신이 느끼고, 바라고, 생각하는 것은 모두 진짜입니다. 하지만 이런 감정과 소망, 생각을 실제 행동에 옮긴다고 해서 꼭 좋은 결과로 이어지지 않는다는 점만 기억하세요. 여기서의 핵심은 사실과 판단을 구분함으로써 자제력이 향상되고, 스스로 부끄럽지 않은 방식으로 행동할 수 있게 된다는 겁니다.

사랑하는 사람과 당신이 서로 다른 것을 원할 수도 있다는 것은 단순한 사실입니다. 그 차이는 클 수도, 작을 수도 있죠. 여기서 옳고 그름을 따질 수는 없습니다. 그렇기에 자기 타당화란 내가 무엇을 느끼고 원하는지 알아차리고, 이를 자신(또는 타인)에게 묘사하고, 있는 그대로의 사실을 인정하는 과정입니다. 정확하게만 표현해도 자기 타당화로 이어진다는 점에 주목하세요! 이 다행스러운 우연 덕분에 사랑하는 사람과 효과적으로 대화하기 위해 노력하면 자기 타당화라는 결실까지 한꺼번에 얻을 수 있습니다.

연습

1   사랑하는 사람과 갈등을 겪을 때 느꼈던 감정이나 욕구를 인식해 보세요. 해석이나 비판을 배제하고 사실(감정과 욕구에 관한 묘사)만 골라냅니다. 그리고 그 감정과 욕구를 있는 그대로 인정하는 연습을 해 보세요. 도움이 된다면 앞서 배웠던 기술(첫 번째, 두 번째 수업에 나왔던 실망감 받아들이기, 감정 수용하기)을 다시 살펴보고 연습하세요.

자기 이해와 자기 연민

　괴로울 때 사람들은 종종 자책합니다. 비판적인 말이 끊임없이 머릿속을 채우면 부정적인 감정이 재차 솟구치면서 불필요한 고통까지 겪게 되죠. 자신을 비판하면 당혹감과 죄책감, 수치심이 따라온다는 점을 잊지 마세요.
　역설적이게도 자기 행동을 비판하면 할수록 우리는 자신의 목표와 가치관에 걸맞지 않은 방식으로 행동하게 됩니다. 자기비판으로 자극된 부정적인 감정(주로 수치심) 탓에 논리적 사고와 문제 해결 능력이 저하되고, 사랑하는 사람이 조금만 부정적인(심지어 애매한) 반응을 보여도 성급히 맞받아치게 되기 때문이죠. '나는 정말 못난 인간이야. 연인한테 그런 말을 하면 안 되는 건데!'라며 자학하다 보면 우울하고 창피해집니다.
　거기에 상대방이 "네가 어처구니없고 못되게 굴었잖아"라는 말을 얹으면 이미 괴로워하던 당신은 더는 견딜 수 없게 되죠. 오히려 적반하장으로 자신이 상처 입힌 상대를 또다시 공격하기도 합니다. 물론 그러고 나면 수치심은 한층 심해지고, 다음번 말다툼에서 더 격렬하게 화를 내는 악순환이 지겹도록 반복됩니다.
　흥미롭게도 이 악순환을 깨는 열쇠는 자기 이해와 연민입니다. 자신을 너그럽게 받아들일수록 상대방을 이해하고 수용하는 능력이 향상되기 때문이죠. 당장은 내가 왜 이런 식으로 느끼고 행동하는지 모를 때도 있지만, 시간과 노력을 들이면 이해할 만한 부분을 찾아낼 수 있습니다. 지금 당신이 느끼는 감정은 어떤 면에서 타당한가요? 남들과 다르게 느낀다고 해서 틀린 것은 아닙니다. 내 감정은 있는 그대로 사실이니까요. 아니면 누구라도 그렇게 느낄 만큼 보편적인 감정일 수도 있고요.

묘사와 연민을 활용해서 자신이 느끼고 바라는 것이 어느 유형에 속하는지 파악하고, '자신만의' 타당한 감정과 소망을 있는 그대로 받아들이세요. 당신의 실수로 일을 망쳤을 수 있습니다. 심지어 못된 마음을 먹고 일부러 그랬을 수도 있고요. 그렇더라도 자신을 보듬어 주며 상황을 차분히 묘사하세요. 그리고 스스로 들려준 다음 이해하고 수용하세요. 직접 사태를 수습하고 자제심을 키우려고 노력하는 중이라면 더욱 자기 연민이 필요합니다.

연습

1 당신이 주로 자책하는 순간을 생각해 보세요. 그런 비판이 유용한가요? 자존감을 깎아내리지 않고, 자기 행동을 분석해서 더 바람직한 방향으로 나아가도록 도와주

> 는 비판이라면 괜찮습니다. 하지만 도움이 되지 않는다면 비판을 그만두고 묘사에 집중하세요.
>
> 2 본인이 문제 있는 행동을 했을 때도 타당한 면이 있는지 찾아 보세요. 자신을 합리화하며 고집을 부리라는 말이 아니라, 그 행동이 타당한 이유와 문제 있는 이유를 둘 다 파악하라는 뜻입니다. 양쪽 다 진실이니까요.

상대를 무작정 부인하지 않기

지금까지는 자신을 먼저 받아들여야 타인을 이해하고 인정할 수 있다는 점을 살펴보았습니다. 이런 사실을 잘 활용하면 불편한 상황, 심지어 상대를 공격하거나 부인하고 싶은 상황에서도 상대방을 타당화하고자 하는 의욕을 끌어올릴 수 있습니다. 하지만 그전에 우선 '부인'한다는 것이 정확히 어떤 의미인지 살펴봅시다.

부인, 즉 인정하기를 거부한다는 것은 상대방의 감정, 생각,

소망, 행동 등이 틀렸거나 부당하다고 여기며, 심지어 존중이나 관심을 받을 가치가 없다고 상대에게 표현하는 일입니다. 우리는 대개 관심을 보이지 않거나, 감정을 하찮게 여기거나, 비난하며 탓하거나, 직접적으로 상대의 감정 또는 소망이 잘못되었다고 지적함으로써 이런 의도를 드러냅니다. 심지어는 깔보는 말투를 쓰거나 상대방보다 자신이 '우월'하다는 태도를 보이며 무시하기도 하고, 상대방을 무능한 인간 취급하며 모욕하기도 합니다.

부인당한 사람은 방어 본능이 일어나고 실망과 분노, 회의, 수치, 자기 부정 등 각종 부정적인 감정에 휩싸입니다. 결국 사랑하는 사람을 부인하는 것은 관계를 망가뜨리고 상대방을 비참하게 할 뿐 아니라 자기 발등을 찍는 행위입니다. 부인당한 사람도 곧 상대를 밀어내게 됩니다.

사랑할수록 상처받는다

우리는 언제나 타인에게 이해받고 싶어 합니다. 이런 기대와 현실이 일치하지 않으면 상처받을 수밖에 없죠. 연인관계에서는 특히 그렇습니다. 사람들은 대개 사랑하는 사람이야말로 세상에서 나를 가장 아껴 줄 사람이라고 여기죠. 그렇기에 상대방이 기대에 어긋나는 모습을 보이면 크게 실망하고 맙니다. 기대와 현실 사이의 격차가 크면 클수록 감정이 북받치고, 더 큰 상처를 받습니다.

이럴 때 그 실망감을 찬찬히 묘사하면 도움이 되겠지만, 우리 사회는 실망감을 묘사할 시간에 판단하고 분노해야 한다고 가르칩니다. 하지만 분노는 비난으로 이어지고, 비난하면…… 상대를 받아들일 수 없게 되죠. 이렇게 1차 감정인 실망을 제대로 인식하지 못한 채 비난하고 화를 내며 상대를 부인하는 단계에서는 자신의 진짜 감정을 인식하지 못하는 '자기 부인'도 일어난다는 데 주목하세요. 이런 부정확한 표현을 공격으로 받아들인 상대방 또한 부정적인 감정을 느끼고 비슷한 반응을 보이게 됩니다. 부인이 부인을 낳는 거죠.

따라서 이때 해야 할 일은 두 가지뿐입니다. 튀어나오는 자기 부인과 분노, 비판을 최소화하는 것, 그리고 부인에 부인으로 맞받아치는 대신 연민과 수용, 타당화로 대응하며 악순환을 깨는 것이죠.

갈등의 악순환을 깨뜨려라

정도의 차이는 있더라도 사람들은 상대가 자신을 부인하면 금세 눈치챕니다. 흥분이 고조되고 속상함과 두려움, 반감이 뒤섞인 불편함을 느끼며, 도망칠지 공격할지도 갈피를 잡지 못합니다. 도망치고 싶다는 충동은 상처받은 마음, 그리고 더는 상처받기 싫다는 두려움에서 나옵니다. 반대로 공격하고 싶은 충동은 고통받은 것에 대한 분노, 비판과 뒤섞인 강한 반감에서 나오고요.

친밀한 관계에서는 이런 반응이 한층 격렬해집니다. 방심한 상태에서 허를 찔리는 기분이거든요. 상대방은 어쨌거나 내가 사랑하며 나를 사랑하는 사람이기에 막연히 괜찮을 거라고 믿었는데, 그 희망이 산산이 조각나고 마는 겁니다. 기대가 크면 실망도 큰 법이죠.

그나마 회피 충동이 공격 충동보다 클 때는 일단 물러나게 되므로 반응성을 낮추는 데 도움이 됩니다. 물론 언젠가는 상대방과 다시 대화를 나눠야 하므로 건설적으로 접근할지 공격적으로 나설지 결정해야겠죠. 반대로 처음부터 공격 충동이 회피 충동보다 클 때는 즉각적으로 악순환을 깨고 평화를 되찾을 대안이 필요합니다.

↳ 자기 감정 인정하기

자, 지금 당신은 한창 싸우는 중입니다. 상대방이 당신 말을 긍정하고 타당화해 주기를, 당신을 이해하고 사랑하고 지지해 주기를 간절히 바라고 있죠. 하지만 상대도 당신만큼 속이 상해서 (또는 상처받고, 두렵고, 실망하고, 화가 나서) 도무지 당신을 받아들여 줄 것 같지가 않습니다. 이럴 때는 당신이 스스로 타당화하는 수밖에 없지 않을까요?

자신의 1차 감정을 찾아내서 그 감정을 타당화하세요. 실망이나 두려움, 또는 속상함이나 좌절, 외로움, 수치심이 느껴지는지 확인해 보세요. 사랑하는 사람과 다툴 때 그런 감정을 느끼는 것은 지극히 당연하다고 자기 자신에게 말해 주세요. 상대방이 당신을 이해하고 지지해 주지 않아도, 심지어 당신의 감정이나 소망, 행동을 부인하더라도 그 사실은 변하지 않습니다.

이번에는 자신의 공격 충동에 주목합니다. 파도를 맞으며 버티듯 충동이 사그라질 때까지 견디세요. 충동이 파도처럼 다시 밀려와도 파도에 몸을 내던지지 마세요. 또한 충동에 몸을 맡겨서도 안 되지만, 충동을 무시하거나 억누르려 해서도 안 됩니다. 충동은 감정적인 흥분에서 비롯되므로 억누르려고 하면 더 강한 힘으로 튀어나온다는 점을 기억하세요. 그러니 그저 물결처럼 자연스럽게 흘러가도록 놔두세요.

그런 다음 상대방에게 공격당한다고 느끼면서도 파괴적이고 부정적인 방식으로 격렬하게 반응하지 않는 게 얼마나 힘든지 스스로 인정해 주세요. 공격하지 않고 참으면서 마음을 가라앉히고, 그렇게 노력한 자신을 대견하게 여기세요.

수월하게 여기까지 왔다면 감정이 다소 차분해지면서 공격 충동도 사라질 겁니다. 그렇게 되면 당신이 정말로 원하는 큰 그림, 즉 지금 당신과 싸우는 바로 그 사람과 더 잘 지내고 싶은 마음을 인식할 수 있게 됩니다. 이 사람은 당신이 사랑하는 사람이며, 상대방도 사실 당신을 사랑한다는 사실을 떠올리세요. 설령 상대방이 당장은 그렇게 안 보여도 실망하지 마세요. 어차피 지금은 당신도 상대방에게 충분히 표현하지 못하고 있을 테니까요! 이렇게 되새기면 힘들고 괴로운 과정을 버티는 이유가 중요한 무언가를 지키기 위함이라고 자신을 타당화해 줄 수 있습니다.

↳ 자기 마음 다독이기

스스로 존중하고 다정하게 대하면서 상처받은 마음을 다독이는 것도 좋은 방법입니다. 슬픈 기분이 들거든, 슬퍼하는 친구에게 뭘 해 주면 좋을지 생각해 보세요. 그리고 그 방법을 자신에게 쓰세요. 속상하거나 두려울 때도 똑같이 하면 됩니다. 뻣뻣하게 굳은 근육을 풀거나 더 편안한 자세로 고쳐 앉는 것(서 있는 자세는 긴장 풀기에 적합하지 않습니다)도 좋습니다. 꽉 끼는 옷을 벗고 포근한 스웨터로 갈아입거나, 담요를 덮으세요. 너무 답답하다면 아예 잠옷으로 갈아입으세요. 눈이나 관자놀이, 또는 발을 부드럽게 마사지하는 것도 방법입니다. 시원하거나 따뜻한 음료(주류 제외)를 마셔 보세요. 이 악순환에서 벗어난 뒤에 찾아올 행복한 시간을 상상하세요. 마음에 위안이 되고 흥분을 즉시 가라앉힐 만한 활동을 찾으세요.

↳ 진심을 파악하기

사람들이 사랑을 하는 이유는 뭘까요? 당연히 말싸움에서 이기거나 상대방을 들들 볶으려고 만나는 건 아닐 겁니다. 그런데도 가끔은 꼭 그런 것처럼 굴기도 하죠. 그래서 때때로 자신이 진짜로 원하는 것은 서로 사랑하고 지지해 주는 애정 넘치는 관계임을 되새길 필요가 있습니다. 흠 없는 관계는 없고, 어쨌거나 그 사람은 당신이 사랑하는 사람이니까요. 이 책을 여기까지 읽었다면 당신이 진심으로 관계를 개선하고 싶어 한다는 것은 분명한 사실일 겁니다.

내가 상대방을 사랑하며 이 관계를 간절히 살리고 싶다는 점을 염두에 두고, 공격적인 말과 행동이 이 목표를 이루는 데 도움이 될지 자문해 보세요. 전혀 그렇지 않다는 것은 본인이 가장 잘 알 테지요. 따스한 애정을 받고 싶다면 따스한 애정을 주는 것이 가장 좋은 방법입니다. 관계 회복을 원한다면 상처받았다고 복수할 생각은 그만두세요. 잠깐 멈춰서 상대를 받아들이고 악순환을 끊을 효과적인 방법을 궁리해 보세요.

↳ 상대에게 공감하기

싸우는 동안 자신이 느끼는 끔찍한 기분에 주목해 보세요. 공격하지 않는 게, 마음 한구석에 숨어 있던 애정을 끄집어내는 게 얼마나 어려운지 인식해 보세요. 그런 다음 아마 상대방도 완전히 똑같은 기분일 거라는 점을 생각해 보세요. 스스로는 깨닫 거나 이해하지 못하더라도, 수많은 갈등 상황에서 연인들은 서로 상처를 줍니다. 당신이 일부러 못되게 굴지 않았다고 해도 어쨌거나 상대방은 고통받는다는 뜻이죠. 햇볕에 심하게 탄 사람의 등을 무심코 건드렸을 때처럼요.

이렇게 자문해 보세요. '저 사람은 지금 어떤 상태일까? 그래도 내가 사랑하는 사람인데, 마음이 아프지는 않을까?' 이렇게 상대방의 행동과 감정에 오롯이 주의를 기울이는 것이 마음챙김입니다. 공격하고 부인하는 대신 부드럽고 애정 어린 태도로 마음을 열고 상대의 말에 귀 기울이며 인정하세요. 이미 당신은 상대방의 괴로움을 누그러뜨릴 기술과 능력을 갖추고 있습니다.

↳ 있는 그대로 바라보기

극도로 화가 나서 상대를 비난하고 공격할 때 우리는 현실을 잊고 자기 상상 속 세계를 기준으로 움직입니다. 마치 세상이 지금과는 다른 모습이어야 하는 것처럼 행동하죠. 인간관계와 상관없어 보이는 예를 하나 살펴보죠. 목이 마른 당신은 자판기에 동전을 넣었는데, 음료수는 나오지 않고 돈도 반환되지 않습니다. 그래서 돈을 더 넣었지만, 자판기가 또 돈만 먹어 버리고 당신이 원하는 것(음료 두 캔)을 내놓지 않네요.

여기서 '현실'은 자판기가 고장 났다는 것이죠. 그 사실이 마음에 안 들고 자판기가 제대로 작동했으면 좋겠다고 바라는 것은 지극히 타당합니다. 하지만 격분해서 자판기를 발로 차거나 쾅쾅 두드리는 것은 현실을 받아들이지 않는 행동입니다. 현실을 거부할수록 갈증은 더 심해집니다. 게다가 발가락이나 손가락이 부러진다든가, 누가 지켜보고 있어서 망신을 당한다든가, 이성을 잃고 계속 자판기와 씨름하느라 회사로 돌아가야 한다는 사실조차 잊어버릴 수도 있습니다.

인간관계도 똑같습니다. 사랑하는 사람에게 기대를 품었다가 실망하면, 우리는 상대방이 완벽하지 않다는 현실을 받아들이거나 화를 내며 공격합니다. 하지만 자판기와 달리 사람은 기억과 감정이 있는 존재라 누가 자기를 공격하면 반격하죠.

해결책은 눈앞의 현실을 받아들이는 것입니다. 최소한 '당장'은 상대방이 당신 소망대로 행동하지 않을 거라는 게 현실이죠. 그런 다음 자신의 소망과 지금 그 소망대로 되지 않는다는 실망감 양쪽을 인정합니다. 상대에게 다정한 반응을 얻겠다고 거칠게 고집을 부리면 불만만 가득하고 성취감은 없는 공상 속 세계에서 계속 살아가게 될 겁니다. 자신이 원하는 대로 되지 않는 현실을 받아들이는 것이야말로 상황을 개선해서 나중에라도 원하는 바를 이루는 지름길입니다.

삼세번이 희망이다: 타당화 3 법칙

인정받지 못하면 누구나 고통스럽고, 서로 부인하는 악순환을 깨기란 쉽지 않습니다. 하지만 분명히 희망은 있습니다. 연구에 따르면 사이가 좋은 연인일수록 상대방의 비난이나 부인에 복수하지 않고 넘어갈 확률이 높다고 합니다. 타당화 기술이 악순환의 탈출구 역할을 할 수 있다는 뜻이죠.

타당화의 효과는 강력할 뿐 아니라 신속하게 나타납니다. 이는 '타당화 3 법칙'으로 설명할 수 있습니다. 첫째로 자발적 의지를 발휘하고, 둘째로 용기 있게 다가가고, 셋째로 부인당하더라도 세 번 연속 타당화하면 상대방은 거의 반드시 공격을 멈추게 되며, 당신을 향한 부인도 잦아듭니다. 하지만 이 법칙을 안다고 해도, 상처받아 위축된 상태에서 상대를 인정하는 것은 만만한 일이 아닙니다.

베로니카와 폴은 틈만 나면 서로 잡아먹을 듯 싸우는 연인이었습니다. 서로 사랑하는 건 분명한데도, 상대에게 비난과 무시를 비롯한 갖가지 방식을 쓰면서 서로를 부인해 극도로 예민해진 상태였죠. 하지만 감정을 조절하면서 상대를 이해하고 수용하는 법을 배운 두 사람은 연습을 거듭했습니다. 그래서 갈등이 그리 격하지 않을 때는 속도를 늦추고, 자기 뜻을 정확하게 표현하고,

상대방을 타당화할 수 있게 되었죠.

그러고 나면 한동안은 연애 초창기처럼 다정한 시간을 보낼 수 있었습니다. 하지만 한쪽이 먼저 못되게 굴거나 심하게 비난조로 나오면 다른 한쪽도 지금껏 배운 것을 까맣게 잊고 싸움에 뛰어들어 똑같이 맞받아쳤습니다. 그렇게 불이 붙으면 둘 다 서로 물어뜯다가 상처받았고, 남는 것은 당혹감과 수치심뿐이었죠.

그러다 타당화 3 법칙을 접한 폴은 이를 실천해 보기로 마음먹었습니다. 먼저 관계를 개선하고 싶다는 내적 동기를 확인한 다음, 베로니카의 공격을 어떻게 견뎌내고 어떤 식으로 애정과 이해를 표현할지 머릿속으로 반복해서 연습했습니다. 머지않아 이를 실행해 볼 기회가 찾아왔습니다. 베로니카는 폴이 너무 냉담하고 무관심하다고 비난했고, 폴은 베로니카가 너무 예민하고 날카롭다고 받아치면서 평소대로 말다툼이 벌어졌죠. 서로 몇 차례 공격을 주고받으며 언성이 높아질 무렵, 폴은 다른 방식으로 대처하기로 했던 다짐을 기억해 냈습니다.

그래서 우선 심호흡을 하고 자리에 앉아 마음을 가라앉히며 자신부터 인정했습니다. '와, 이거 생각보다 더 힘드네. 난 정말 상처받고 화가 났어. 하지만 생각해 보니까 베로니카가 오늘 힘들었다며 신경 좀 써 달라는 눈치였는데 내가 데면데면하게 군 것 같아서 민망하기도 하네.' 더불어 지난 며칠간 두 사람이 얼마나 잘 지냈는지, 이런 싸움에서 벗어나서 평온한 삶을 누리고 싶은 마음이 얼마나 간절했는지 떠올렸습니다. 더불어 원래 상냥하고 다정하던 베로니카가 그렇게 가시를 세우고 공격적으로 굴 정도면 얼마나 괴로울지, 얼마나 상처받고 힘들지 짐작이 갔죠.

마음을 가다듬은 폴은 인정하는 말하기를 시도했습니다. "베로니카, 이렇게 싸우게 돼서 네 마음이 정말 비참하다는 걸 알겠어. 사실은 나도 그래." 베로니카의 감정과 취약점을 이해하고 받아들이는 동시에 자신의 취약점을 내보이는 말이었죠. 베로니카는 화를 내며 대답했습니다. "그래? 너도 나만큼 비참하다니 다행이네." 베로니카는 이렇게 받아치면서도 폴이 반격하지 않는다니, 뭔가 다르다는 느낌을 받았죠.

폴은 계속 말을 이었습니다. "내가 신경 써 주지 못해서 네가 정말 속상했다는 거 알아. 오늘 네가 회사에서 정말 일진이 안 좋았다고 얘기까지 했는데 말이야." 베로니카는 폴이 달라졌음을 느꼈지만, 여전히 분이 다 풀리지 않았기에 뾰족한 말투로 답했습니다. "20분 전에 그렇게 말하지 그랬어? 좀 늦은 것 같지 않아?" 폴은 '좋아, 한 번만 더. 나는 할 수 있어'라고 자신을 다독이며 베로니카에게 말했습니다. "그랬으면 좋았겠지. 너도 이제 싸우기 싫다는 거 잘 알아. 이제부터라도 내가 귀 기울여 들을게. 오늘 무슨 일이 있었는지 꼭 알고 싶어."

분노와 방어가 사그라들고 슬픔이 북받친 베로니카는 울음을 터뜨리며 폴에게 안아 달라고 부탁했습니다. 폴은 그렇게 했고, 몇 분 뒤 진정된 베로니카는 오늘 있었던 일을 털어놨죠. 폴은 귀 기울여 들으며 타당화하기 위해 노력을 기울였습니다. 베로니카 또한 힘들었을 텐데 다가와 주어서 고맙다고, 사랑받는 느낌이 들었다고 폴의 행동을 타당화해 주었습니다.

연습

1 앞서 배운 악순환을 깨뜨리는 전략을 하나씩 연습해 보세요. 최근 있었던 일 가운데 자신이 조금이라도 상대를 부인했던 상황을 고릅니다. 각 전략을 활용해서 그럴 때 인정하지 않는 태도를 바꿀 방법을 찾아 보세요.

2 순서를 생각해 봅시다. 폴이 했듯이 먼저 자신에게 중요한 것을 확인하고, 자신을 인정하고 위로해 줄 효과적인 방법을 마련하고, 상대방이 최악의 모습을 보일 때도 상대를 마음챙김하는 연습을 하세요. 상대방이 계속 공격적으로 굴더라도 최소한 세 번은 이해하고 수용하는 반응을 보일 수 있도록 연습하세요.

3 순서대로 실행하세요! 일단 시도한 다음 결과를 확인하

> 세요. 상황이 긍정적으로 변했다면 그걸로 좋습니다. 그렇지 않다면 어느 부분을 개선하면 좋을지 생각해 보세요. 자신을 위로할 방법이 더 필요한가요? 자기 타당화가 부족했나요? 예행연습을 더 해야 할까요? 계속 노력하세요. 이렇게까지 해야 하는지 따지며 망설이지 말고, 현실을 받아들여야 한다는 점을 잊지 마세요.

사과에 늦은 때란 없다

실제로 우리는 가끔 사랑하는 사람을 부인합니다. 물론 상대방이 먼저 시작했다고 느낄 때도 많고, 그게 사실인 경우도 있습니다. 상대방 또한 그렇게 생각할 수 있고요. 그러니 누가 먼저 시작했는지는 따져 봤자 별 소용이 없습니다. 상대를 부인했으면 마음을 상하게 했다는 뜻이기에 이를 바로잡는 데 초점을 맞추는 편이 훨씬 바람직합니다.

잘못을 바로잡을 결심

장단기적 관점에서 이렇게 상황을 바로잡아야 하는 데는 세 가지 이유가 있습니다. 첫째는 그것이 옳은 일이기 때문이고, 둘째로는 두 사람의 관계를 더 건설적인 방향으로 이끄는 데 도움이 되며, 셋째로 본인의 자아 존중감을 높여 주기 때문입니다.

이번 수업의 앞부분에서는 서로를 인정하지 않는 대화가 한참 진행 중일 때 거기서 벗어나는 방법에 초점을 맞췄습니다. 이는 매우 중요한 과정이며, 갈등 상황에서 상대를 이해하고 수용하면 상대를 부인하면서 주었던 상처를 효과적으로 바로잡을 수 있습니다.

하지만 갈등이 한차례 지나가고 나서 감정을 차분하게 가라앉힌 뒤에 시도할 수도 있죠. 상처 입힌 것에 대한 사과는 언쟁 도중보다는 이후에 하는 편이 좀 더 수월합니다. 흥분을 가라앉히고 앞서 배웠던 단계를 차근차근 밟은 다음 어떤 식으로 이야기할지 미리 연습할 수 있기 때문이죠. 자기 뜻을 정확히 표현할 때(네 번째 수업 참조)처럼 가장 적절한 시기와 상황을 택하세요.

사과를 하는 방식은 다양하지만, 다음 조건들을 만족할수록 효과적입니다. 첫째, 진심에서 우러나야 합니다. 해야 하니까 억지로 하기보다는 스스로 바로잡기를 '원하는' 부분을 찾으세요. 둘째, 자신이 부인함으로써 상대에게 어떤 영향을 끼쳤는지에 관심을 쏟아야 합니다. 상대가 어떤 기분이며 얼마나 괴로울지, 어떤 악영향이 있었을지에 주목해 보세요. 셋째, 상대방이 여전히 기분 나빠 하더라도 기꺼이 받아들여야 합니다. 사과한다고 피해가 사라지는 것은 아니며, 단지 앞으로 나아갈 수 있게 될 뿐이니까요. 상대방이 화를 내거나 비난하거나 무시한다고 해도 상대방이 내 언행에 여전히 상처받은 상태임을 기억하고 목표를 잊지 않는 것이 중요합니다. 넷째, 자신의 잘못과 상대의 기분을 자신이 이해한 대로 정확히 표현하고 묘사해야 합니다.

더불어 정말로 상황을 바로잡고 싶다면 다음에는 더 성숙하게 대처하기 위해 노력을 아끼지 않겠다는 다짐이 필요합니다. 의사소통 기술과 자제심을 갈고닦을 방법을 찾아 노력하고 실천해야 한다는 뜻이죠. 그래야 같은 실수를 두 번은 안 할 테니까요.

캐머런과 찰리는 자주 부딪치는 커플이었습니다. 어느 날 또 크게 다툰 두 사람은 날카롭게 대립했습니다. 찰리는 이번 수업에서 배운 기술들을 활용해서 캐머런을 인정하지 않는 태도를 그만두고 악순환을 깨려고 노력했죠. 하지만 몹시 흥분한 나머지 자기도 모르게 또다시 캐머런에게 심한 말을 퍼붓고 말았습니다. 이미 자제심을 잃어 입을 다물 수가 없었거든요.

나중에는 끔찍하고, 슬프고, 두렵고, 당혹스럽고, 창피한 기분마저 들었습니다. 그래서 상황을 수습하기로 마음먹었습니다. 그게 옳은 일이고(캐머런이 그런 대접을 받아야 할 이유가 없으니까요),

관계를 개선하고 싶고(둘 다 마음을 가라앉히고 다음번에는 더 능숙히 대처할 수 있도록), 자기 사존감을 높이고 싶었으니까요(나쁘게 굴면서 자기 가치를 낮추고 말았죠).

찰리는 저녁을 먹은 뒤 캐머런이 비교적 차분하고 평온해 보일 때까지 기다렸다가 말을 걸었습니다. "자기, 월요일 밤에 싸웠던 얘기를 좀 하고 싶어. 그 생각만 하면 마음이 안 좋거든. 뭘 따지거나 문제를 다시 끄집어내려는 건 아냐. 그냥 내가 했던 말들이 너무 후회돼서 그 얘기를 하고 싶어. 잠깐 시간 괜찮을까?" 캐머런의 동의를 받아 찰리는 말을 이었습니다. "내가 심한 말을 해서 자기가 너무 속상할 것 같아. 나 같아도 상처받았을 거야. 누구라도 그렇겠지. 어쩌면 이제 얘기를 나누는 것도 겁이 나서 나를 피하고 싶은 기분일지도 모르겠네. 그렇더라도 이해해. 하지만 나는 진심으로 자기한테 다가가고 싶고, 멀어지고 싶지 않아."

이쯤에서 캐머런은 마음이 다소 풀어지고 기분이 조금 나아졌지만, 찰리 말대로 대화를 피하고 싶은 기분이었기에 아무 말도 하지 않았습니다. 찰리는 계속 말했죠. "그래서 나는 자기를 이렇게 대하고 싶지 않아. 앞으로는 우리가 이런 식으로 싸우게 되면 잠깐 시간을 두는 게 어떨까 해. 나는 잠깐 화장실에 들어가서 내가 자기를 사랑한다는 사실에 집중하는 연습을 해 보려고 생각 중이야. 그러면 혼자 이성을 잃고 벌컥 화를 내는 일을 막을 수 있지 않을까 싶거든. 그렇게 몇 분 있다가 자기가 원할 때 다시 얘기를 나누면 될 것 같아. 어떻게 생각해? 또 어떤 방법이 있을까?" 이렇게 찰리는 상황을 수습하기 시작했고, 상당한 진전을 보였습니다.

캐머런이 이어서 말다툼했던 이야기를 풀어놓았고 찰리는 다정하게 귀담아들으며 받아들였죠. 얼마 뒤 언쟁이 벌어졌을 때 찰리가 실제로 자기 말을 지켜서 잠시 시간을 두자고 하는 모습을 보고 캐머런은 새삼 찰리가 대단하고 고맙다는 생각이 들었습니다. 그 덕분에 자신도 찰리를 이해하고 받아들이고 싶다는 마음이 생겨났고요.

연습

1. 최근 있었던 일 가운데 당신이 상대방을 꽤 심하게 부정했던 사건을 하나 떠올리세요. 이번 장에서 배운 대로 어떤 식으로 사과할지 계획을 세우세요. 마음속으로 상상하면서 상대방의 반응(부정적인 반응도 포함)을 예측하고 어떻게 대처할지 미리 연습합니다.

2. 적당한 때와 상황을 골라 계획을 실행하세요. 그런 뒤 결과를 살피고, 조금 더 노력해야 할 부분이 있다면 계

> 획을 수정합니다. 자제심과 의사소통 기술을 키우는 데 노력을 아끼지 마세요. 관계를 개선하기 위해 해야 할 행동에만 집중합니다.

여덟 번째 수업

같은 이유로
계속 싸울 때는
어떻게 해야 할까?

이제 제법 갈등 상황에서의 대화에 능숙해졌나요? 다음은 문제를 해결하는 구체적인 방법을 배울 차례입니다. 연인들은 대부분, 특히 사이가 좋을 때는 문제가 생겨도 현명하게 해결할 수 있습니다. 하지만 사이가 나쁠 때를 대비해서 구체적인 방법을 정확히 알아 두면 도움이 되죠. 먼저 (문제 해결과 대조되는) 문제 관리의 개념을 알아본 뒤, 목표를 명확히 파악하는 단계별 방법, 관계에 악영향을 끼치는 문제에서 해결할 수 있는 부분은 해결하고 해결할 수 없는 부분은 관리하는 방법을 살펴봅니다.

문제는 원래 쉽게 해결되지 않는다

문제를 해결한다는 것은 상황을 근본적으로 바꿔서 문제가 존재하지 않게, 아니면 적어도 오랫동안 나타나지 않게 한다는 뜻입니다. 물이 새는 지붕이 문제라면 지붕을 수리하면 됩니다. 그러면 더는 신경 쓸 필요가 없어집니다. 만약 수리해도 해결되지 않는다면 돈을 더 들이거나 더 근본적인 방법(지붕을 통째로 바꾼다든가)을 동원해야겠죠. 하지만 한두 가지 방법만 시도해도 물 새는 문제는 사라질 겁니다.

갈등도 관리가 필요하다

연인관계에서 발생하는 갈등은 대부분 물 새는 지붕 수리보다 훨씬 복잡합니다. 설거지할 사람을 정하는 문제처럼 간단한 것도 아닙니다. 설거지는 어쨋든 누군가가 하고 나면 상황이 종료되죠. 하지만 웬만한 문제는 한 번에 해결되지 않습니다. 문제를 해결했다고 생각해도 일주일이 채 안 돼서 똑같은 상황이 벌어지기도 하죠.

연인 사이의 문제를 해결하려면 수없이 반복해서 시도해야 합니다. 영구적이거나 적어도 반영구적인 해결책이 없는 문제라면 주기적으로 관리해야 하고요. 이런 문제에는 경제 관리와 비슷한 방식으로 접근하는 편이 낫습니다. 지금은 주머니 사정이 넉넉해도 세금이나 수입 변동, 이직, 뜻밖의 지출 등으로 다음 달이나 내년에는 어떻게 달라질지 모르죠. 이처럼 상황은 항상 변하고, 예측 가능할 때도 있지만 그렇지 않을 때도 많으니 관리가 필요한 것입니다.

　가끔은 문제가 무엇인지를 두고 각자의 의견이 일치하지 않을 때도 있습니다. 이를테면 한쪽은 '누가 설거지를 할 것인가'가 문제라고 생각하지만, 다른 한쪽은 집안일의 '공평한 분배'가 문제라고 보는 것이죠. 이 두 가지는 분명히 연결되어 있지만, 서로 다른 해결책이 필요한 문제입니다.

　또는 드러나지 않은 어느 한쪽의 감정이 실질적으로 문제인 경우도 있습니다. 상대방에게 오해받았다거나, 상대가 자기 욕구를 무시한다고 느끼는 것이죠. 이럴 때 필요한 해결책은 상황을 바꾸는 것이 아니라 정확한 표현과 인정입니다. 집안일이 불공평하게 분배되는 것이 문제라고 생각했는데, 얘기하다 보니 실은 상대에게 고맙다는 말을 듣지 못하는 것이 불만이었을 수도 있습니다. 이럴 때는 상대방이 내 고생을 알아주고 고맙게 여긴다는 말을 듣기만 해도 문제가 사라집니다.

　이렇게 해결할 수 있는 문제는 해결책을 찾는 것이 좋지만, 찾을 수 없을 때는 문제를 받아들이고 서로 감정을 인정해 주는 것이 현명한 선택입니다. 이와 같은 일련의 과정은 문제 '관리'라고 부릅니다.

문제를 제대로
파악하라

연인관계에서 생기는 문제는 대체로 상대방이 변하기를 바라는 마음에서 시작됩니다. 예를 하나 살펴봅시다. 케빈은 빨래를 싫어해서 가끔 빨래를 해야 하는 것도 문제라고 여깁니다. 반면 알리시아는 자기가 집안일을 거의 도맡는다는 것이 불만이죠. 그 결과 두 사람은 누가 뭘 얼마나 해야 하는지를 두고 자주 싸웁니다. 여기서 문제는 대체 뭘까요? 하나의 문제일까요? 아니면 두 가지 별개의(하지만 연관된) 문제일까요? 이 질문에 대한 답은 알리시아와 케빈이 차분히 이야기를 나누면서 서로 경청하고 상대방의 감정과 소망을 인정하기 전까지는 알 수 없습니다.

문제 정의하기

자, 그래서 케빈은 빨래가 하기 싫다고 털어놓습니다. 알리시아는 혼란스러워하죠. "왜 싫은데?"라고 묻거나 "왜 유난을 떨어?"라며 비판적으로 나올 수도 있습니다. 아니면 타당화해 줄 수도 있겠죠. "빨래가 정말 싫은 모양이네. 이유가 뭐야? 어떤 점이 힘들고 싫어?" 정비공인 케빈은 온종일 엔진을 만지고 나면 손이 몹시 더러워집니다. 그래서 아주 독한 세제로 손을 씻어야 했고, 손이 늘 부르트고 쓰라렸죠. 그런데 손빨래를 하다 보면 손이 더 트고, 가끔은 갈라져서 피까지 나는 바람에 고통스러운 데다 일에 지장이 생길 때도 있었습니다. 이런 사실을 전혀 몰랐던 알리시아는 이해와 수용을 보여 줍니다. "진작 알았으면 좋았을 텐데. 너무 힘들었겠다!"

이후 알리시아의 반응은 몇 가지로 갈릴 수 있습니다. 1번 시나리오에서 알리시아는 상황을 받아들이고 본인이 빨래를 하기로 합니다. 케빈이 정말 힘들다는 점을 알기에 딱히 억울해하지도 않습니다. 원래 알리시아는 자신이 집안일을 거의 다 한다는 게 불만이었고, 오히려 일이 늘어나게 되었는데도요! 이제는 케빈이 빨래를 싫어하는 이유를 이해했으므로 흔쾌히 받아들일 수 있는 것이죠. 물론 빨래를 하지 않게 된 케빈도 만족할 테고요.

2번 시나리오에서 알리시아는 케빈에게 빨래 대신 다른 일을 부탁하기로 합니다. "이제 빨래는 내가 할 테니까, 너가 청소기 돌리고 화장실 청소를 맡는 건 어때?" 여기서부터는 협상의 영역입니다. 알리시아가 기꺼이 빨래를 맡겠다고 했으니, 케빈도 다른 일을 선뜻 맡아 줄 가능성이 크죠. 그러면 둘 다 좋은 기분으로 상황을 마무리할 수 있습니다.

3번 시나리오에서 알리시아는 케빈의 피부 상태를 매우 안쓰럽게 여깁니다. 그래서 케빈에게 피부과에 가서 약 처방을 받고 핸드크림도 자주 바르는 게 어떠냐고 권하죠. 알리시아가 연민과 이해심을 충분히 보였다면 케빈은 자기 손이 나아진다는 '전제하'에 빨래를 계속 맡겠다고 할지도 모릅니다. 알리시아가 이런 식으로 말했다면요. "아우, 너무 아프겠네! 빨리 약 발라야겠다. 내가 우리 언니한테 전화해 볼게. 지금 다니는 피부과가 아주 괜찮다고 그랬거든. 어딘지 알아봐서 예약하자."

하지만 알리시아가 빨래 문제를 어떻게 해결해야 할지에만 집중했다면 일이 그리 잘 풀리지 않았을 겁니다. 케빈이 이렇게 반응했을 수도 있죠. "음, 그러니까 네 말은 결국 피부과에 가든지 핸드크림을 꼼꼼히 바르든지 해서 손 관리를 좀 하면 빨래가 그렇게 힘든 일은 아니라는 거네?" 자신을 챙겨 준다는 느낌을 받지 못한 케빈은 피부과에 가야겠다는 생각도, 빨래를 할 마음도 들지 않았겠지요. 그러니 얼마 안 가서 같은 문제로 다시 말다툼이 벌어졌을 확률이 높습니다.

여기서 알 수 있듯 문제란 고정되어 있거나 손쉽게 해결되는 것이 아닙니다. 시간이 지나면서 계속 변화하기에 지속적으로 자신과 상대방의 입장 차이를 확인하고 유연하게 대처하는 과정이 필요하죠. 문제를 정의하려는 시도 자체는 매우 바람직합니다. 만약 문제가 무엇인지를 두고 둘의 의견이 일치하지 않는다면 열린 마음으로 상대를 존중하며 대화를 나누세요. 지금껏 배운 의사소통 기술을 활용하면 얼마든지 서로 이해하면서 차근차근 해결책을 찾아낼 수 있습니다.

> **연습**
>
> 1. 최근에 생긴 비교적 사소한 문제를 하나 고릅니다. 사랑하는 사람과 대화하면서 문제를 정의해 보세요. 열린 태도로 이야기를 나누며 상대의 생각을 인정해 주세요.
>
> 2. 대화를 한 후에 자신과 상대방이 무엇을 불편하게 여기는지 더 자세히 알게 되면 문제에 대한 정의가 어떻게 달라지는지 관찰하세요.

문제 분석하기

문제를 제대로 파악했다면 이제 좀 더 자세히 들여다볼 차례입니다. 문제 전반을 두루 살펴보기, 그게 왜 문제가 되는지 따져보기, 문제가 드러나는 구체적 양상 살펴보기 등 문제를 분석하는 방법은 매우 다양합니다. 여기서는 문제가 있었던 과정을 하나하나 구체적으로 묘사하면서 맥락을 자세히 살펴보고, 바람직하지 못한 결과를 부르는 특정 행동을 파악하는 법을 다룰 예정입니다. 문제를 진행 단계별로 쪼개 살펴보기에 이 방법은 '행동 분석behavioral analysis' 또는 '연쇄 분석chain analysis'으로 불리기도 합니다.[1] 이 방법을 활용하면 한 가지 표현만 수정해도 전반적으로 나아질 가능성이 있습니다.

먼저 실제로 문제가 발생했던 구체적인 예시를 하나 택합니다. 언제 어디서 일어난 어떤 사건을 다룰지 두 사람이 구체적으로 합의하세요. 종이 한 장을 세로로 반 접었다 펴서 맨 위 칸에 각자 이름을 쓰세요. 이렇게 하면 두 사람이 각각 어떤 식으로 문제를 겪었으며 그동안 어떤 상호작용이 일어났는지 한눈에 알 수 있습니다.

맨 처음에는 사건이 일어나기 직전의 기분, 특히 해당 문제와는 직접적 관련이 없는 감정 상태를 적습니다. 그런 다음 각자 자기 쪽 칸에 자기 감정과 생각을 진행 순서대로, 상대방과 시간대를 맞춰서 쭉 적어 내려갑니다. 종이가 접혔던 가운데 부분에는 그때 실제로 했던 말이나 행동을 적으세요. 이렇게 하면 그때 당시 각자의 마음속에서 어떤 일이 일어났는지 드러나므로 양쪽 모두 서로의 반응을 이해하기 쉬워집니다.

자넬과 트레이는 돈 문제로 자주 싸웠습니다. 얼마나 저축하고 얼마를 지출할지, 뭘 사야 할지 등을 두고 계속 부딪쳤죠. 그 문제로 얘기를 나누려 할 때마다 둘은 교착 상태에 빠졌고, 서로 존중하면서 이해하고 받아들여 보려고 해도 잘되지 않았습니다.

그래서 문제 분석을 시도해 보기로 했죠.

두 사람은 지난 토요일 아침에 있었던 다툼을 자세히 들여다보기로 합의했습니다. 이들의 연쇄 분석 결과는 다음과 같았습니다.

쟈넬	트레이
피곤함, 스트레스	불안, 쟈넬이 화났을까 봐 신경 쓰임.
나 조금 있다가 언니하고 쇼핑몰에 다녀올게. 저녁 먹기 전에는 들어올 거야.	
	신용카드 고지서가 떠올라서 돈 문제가 걱정됨.
자기도 알겠지만, 우리 통장 잔액이 바닥이야. 오늘 쇼핑하러 가는 건 좀 아닌 것 같아.	
'자기는 지난주에 CD를 그렇게 왕창 사 놓고, 나한테만 돈 쓰지 말라니 참 뻔뻔하네'라는 생각이 듦. 상처받고 화가 남.	
CD 살 돈은 있었잖아. 그러면 내가 쇼핑할 돈도 있겠네.	

죄책감을 느끼다가
비판적인 생각이 듦.
'왜 이렇게 비딱하게 굴어.'
그리고 화가 남.

너는 돈을 너무 무책임하게 써!
나는 돈 버느라 등골이 휘는데, 너는 신경도 안 쓰잖아.
이러다 평생 대출도 다 못 갚아.
다 너 때문이야. 돈 문제를 전부 내 책임으로 미루잖아!

죄책감을 느끼는 동시에
트레이가 불공평하다고 생각함.

그러는 너는 너무 불공평해. 자기는 쓰고 싶은 대로
쓰면서 나를 네 마음대로 휘두르려고 하잖아.
난 이렇게는 못 살아.

이렇게 말하고
화난 채로 뛰쳐나감.

부정적 감정에 휩싸이고,
자기 자신과 트레이를 비판하게 됨.

걱정되고, 슬프고, 화가 남.
자넬이 돌아왔을 때
마주치기 싫어서 밖으로 나감.

쇼핑을 하고 나니
잠깐 기분이 나아졌지만,
집에 돌아오니 다시 우울해짐.

> 자넬이 보고 싶었지만,
> 동시에 여전히 화가 나고
> 비판적인 생각이 듦.

트레이가 집에 돌아오자
다시 말다툼이 벌어지고, 악순환이 반복됨.

함께 다투는 과정을 들여다본 자넬과 트레이는 깜짝 놀랐습니다. 돈은 문제의 일부분일 뿐, 진짜 문제는 두 사람이 말하고 반응하는 방식이라는 점이 드러났거든요. 각 단계를 살펴보면서 이들은 상대방이 얼마나 상처받았을지, 왜 그런 식으로 반응했는지 이해할 수 있게 되었습니다. 더불어 두 사람 모두 돈 문제를 걱정하며 지출을 줄이고 싶어 한다는 사실도 분명해졌죠.

자넬은 트레이가 자신에게 '이래라저래라' 하기를 원하지 않았기에 두 사람이 함께 지킬 새로운 경계 계획을 마련하고 싶었습니다. 그래서 둘은 새로 예산을 짰고, 각자 일주일 단위로 재량껏 쓸 수 있는 용돈을 정하기로 했습니다. 트레이는 괜한 낭비를 막을 만한 괜찮은 해결책이라고 여겼고, 자넬이 이 문제를 진지하게 받아들이는 것 같아서 만족했습니다. 자넬 또한 돈 문제로 '일일이 감시받는' 느낌을 받지 않아도 되는 이 해결책에 기꺼이 동의했습니다. 한도 내에서는 돈을 쓰든 저축하든 본인에게 권한

이 있었기에 트레이에게 좀 더 존중받는 기분이 들었죠.

이처럼 사건 진행 단계를 시각적으로 나타내면, 갈등이 격한 상황에서는 드러나지 않던 부분을 불과 몇 초 만에 눈으로 볼 수 있게 됩니다. 이는 서로 이해하는 데 큰 도움이 되죠. 동시에 서로의 감정과 생각을 타당화해 줄 기회가 됩니다.

이번 수업에서 지금까지는 최소한 어느 정도의 해결책이 있는 문제를 다뤘습니다. 그럴 때는 협상과 변화를 기대할 수 있죠. 하지만 가끔은 반복해서 '해결'해도 계속 일어나는 문제도 있습니다. 이런 상황에서는 문제가 있다는 사실을 그냥 수용하는 편이 현명할지도 모릅니다. 언젠가는 해결될 수도 있겠지만, 어쨌든 지금은 아닐 테니까요.

물론 수용은 쉬운 일이 아닙니다. 두 사람 모두 신경 쓰이지 않았다면 애초에 해결책을 찾아야 할 이유도 없었겠죠. 그러니 수용을 택한다는 것은 둘 중 한 사람이라도 여전히 신경에 거슬리는 부분이 있다는 뜻입니다.

하지만 가끔은 해결책 자체가 오히려 문제를 일으키기도 합니다. 자넬과 트레이가 합의한 예산이 비현실적으로 많거나 지키기 어려울 정도로 적다면, 트레이는 잔소리를 하고 자넬은 방어적으로 굴면서 계속 돈 문제로 다툴 겁니다. 이럴 땐 너무 오래 질질 끌던 문제를 당장 해결하지 않기로 마음먹는 것만으로도 한결 가뿐하고 후련해지죠. 한동안 두 사람의 관계가 나아지고 삶이 평온해지기도 합니다. 해결이 안 되는 문제에 관해서는 아홉 번째 수업에서 다시 다룰 예정이며, 지금으로서는 꼭 해결해야 한다는 생각을 접고 잠시 그대로 두어도 괜찮다는 점만 마음에 담아 두면 됩니다.

문제 해결을 위한 다양한 시도들

자넬과 트레이의 예에서 알 수 있듯 문제는 하나이지만 그 안에는 두 개 이상의 이유가 얽혀 있을 때도 많습니다. 이 중 최소한 하나는 갈등 주제(빚이 있음, 돈을 얼마나 쓸지를 누가 정할 것인가 등) 때문이고, 다른 하나는 갈등 진행 과정(두 사람이 돈 문제로 다투게 되고 싸움이 격해지는 과정)에서 발생합니다. 따라서 이 중 어떤 부분을 해결하거나 관리할 것인지 미리 분명히 정하고 합의하는 것이 바람직합니다.

한 번에 한 가지 주제에만 집중하기

문제 분석을 끝낸 뒤에 해야 할 일은 갈등 주제를 목록으로 적는 것입니다. 처음에는 한 가지 주제로 시작했더라도, 연쇄 분석을 진행한 뒤 갈등 진행 과정을 자세히 파악하게 되면 다뤄야 할 문제가 늘어납니다. 단, 목록을 계속 적어 내려가되 해결할 때는 한 번에 한 가지 주제에만 집중해야 한다는 사실을 명심하세요. 목표를 명확히 하고 집중하세요.

갈등 주제 목록을 만들고 본격적으로 하나씩 해결에 나서기 전, 우선 건설적이면서도 현명한 접근법을 마련해야 합니다. 연쇄 분석을 두 가지로 활용하세요. 우선 자신의 부정적인 반응과 비판, 성급한 행동을 알아내고, 앞서 익힌 기술을 써서 다음번에는 다르게 행동할 수 있도록 준비합니다.

다음으로는 상대방과 함께 앞서 다뤘던 타당화 기술(적극적 경청, 상대방의 행동에서 '당연함' 찾아내기 등)을 갈등 과정에서 두루 적용합니다. 상대방을 깊이 이해할수록 애정 어리고 차분한 방식으로 반응하기 쉬워진다는 사실을 기억하세요. 부정적인 감정에 휩싸이거나 방어벽을 세우거나 상대를 부정하지 않고 근본적인 갈등 주제를 논할 수 있게 되면, 이제 논의를 통해 해결책을 찾아낼 준비가 되었다는 뜻입니다.

해결책 목록 만들기

갈등 주제를 골랐다면 이제 상황을 개선하거나 문제를 해결할 방법을 생각해 낼 차례입니다.[2] 이때 내가 실행할 수 있는 해결책부터 내놓으면 의논을 해 나가는 데 도움이 됩니다. 항상 그럴 수는 없더라도 내 쪽에서 먼저 주도적으로 나서면 상대를 바꾸려는 게 아니라 문제를 해결하는 데 집중하고 있다는 뜻을 전달할 수 있기 때문입니다. 실제로 갈등을 잘 해결하려면 두 사람 모두 변해야 합니다.

두 사람이 각자 다른 해결책을 떠올리는 경우는 아주 흔합니다. 이때 자기가 떠올린 해결책은 그저 가능한 선택지 중 하나일 뿐임을 기억하세요. 특정 해결책을 고집하지 말고 문제 해결에 집중해야 합니다.

생각나는 해결책을 쭉 적어서 목록을 만들어 두면 좋습니다. 해결책을 실행해 나갈 때 도움이 될 만한 보조 수단들도 함께 적어 두세요. 가능한 한 많은 해결책을 브레인스토밍합니다. 열린 태도로 창의력을 발휘하고, 겁내지 말고 다른 곳(친구나 가족, 책, 인터넷)에서 도움을 구하세요. 다만 다른 사람에게 문제를 상담하면서 그 기회를 틈타 자신을 정당화하거나 상대방을 비난하는 일이 없도록 주의하세요. 덧붙여 이 문제를 타인과 의논해도 괜찮은지 먼저 상대방에게 양해를 구해야 합니다. 괜찮지 않다고 하면 문제를 외부에 알리지 마세요.

마지막으로, 이 과정에는 시간이 걸린다는 점을 염두에 두세요. 긍정적인 태도와 차분한 감정을 유지할 수 있을 때만 이 작업에 임하세요. 몇 분 또는 며칠간 쉬었다 해도 괜찮습니다. 해묵은 문제의 해결책을 찾아내려면 여러 번 시도해야 할 수도 있습니다.

클로이와 이선은 연애시절부터 육아 방식에 대한 견해가 달랐습니다. 그러다 결혼을 하고 아이를 키우게 되자 자주 말다툼을 벌였죠. 클로이는 이선이 두 아이에게 너무 엄하고 권위적이라고 생각했고, 이선은 클로이가 너무 느슨하고 자유방임적이라고 여겼습니다. 이렇게 부모의 양육 태도가 딴판이어서 아이들이 힘들어한다는 데는 둘 다 동의했죠. 그래서 문제를 함께 해결해 보기로 합니다. 이들은 앞서 설명한 방식대로 최근 있었던 말다툼을 분석했습니다. 그리고 각 단계를 함께 살펴보면서 고쳐야 할 부분을 확인하고 서로 타당화해 주었습니다.

이들이 분석한 사건에서 여섯 살짜리 큰아들 케일럽은 자기가 하기로 한 일을 하기 싫다고 떼를 썼습니다. 자기가 사용한 그릇을 싱크대에 가져다 두고, 개켜진 자기 옷을 서랍에 넣는 일이었죠. 늘 그렇듯 클로이는 케일럽을 살살 달래서 자기 일을 하게 하고, 아들이 일을 마치면 칭찬으로 보상해 주려고 했습니다. "잘했어, 혼자 해냈구나. 참 장하네."

하지만 이선은 케일럽이 불평하지 않고 스스로 알아서 하기를 원했습니다. 그러려면 부모 모두 떼쓰는 것을 무시하고 해야 할 일을 일러 줘야 한다고 생각했죠. 덧붙여 케일럽이 지시대로 일정 시간(15분) 안에 할 일을 끝내지 않으면 "오늘은 이제 TV 그만" 같은 말로 특권을 제한하는 방법을 선호했습니다. 이선과 클로이는 이런 상황에서의 교육 방침을 두고 벌어진 갈등을 해결할 방법을 찾기로 했습니다. 다음은 이들이 생각해 낸 해결책 목록 일부입니다.

1. 누구든 아이에게 일을 맡긴 쪽이 대처 방식을 정한다.

2. 둘이 번갈아 가며 상황에 대처한다.

3. 부모 상담을 받거나 육아 수업을 듣고 전문가의 조언을 따른다.

4. 동전을 던져서 이긴 사람이 원하는 방식대로 한 달간 해 본 다음 재평가한다. 케일럽이 잘 따라오면 그 방식을 유지하고, 더 나빠지거나 그대로면 다른 방식을 시도해 본다.

5. 케일럽에게 칭찬 스티커를 만들어 주고, 떼를 쓰거나 불평하지 않고 맡은 일을 해낼 때마다 스티커를 준다. 일정 개수를 모으면 특별한 놀이나 재미있는 활동을 함께 한다.

6. 나머지 해결책과 상관없이 케일럽이 계속 떼를 쓰면서 맡은 일을 하지 않으면 일을 끝낼 때까지 TV 시청 등 부모 허락이 필요한 활동을 금지한다.

7. 케일럽이 힘내서 자기 일을 해낼 수 있도록 둘 중 한 명이 '응원단장' 역할을 맡는다.

8. 어떤 육아 방침이 맞는지 걱정하는 건 그만두고 케일럽이 전반적으로 행복하고 착한 어린이로 자라나고 있다는 사실에 집중한다. 아들 앞에서 사소한 문제로 싸우지 않는 것이 더 중요하다.

보시다시피 매우 다양한 선택지가 나왔습니다. 실제 목록에는 훨씬 더 많은 항목이 포함되어 있었고요. 실제로 클로이와 이선이 각각 주장하는 방침은 저명한 육아 전문가들의 의견과 그리 다르지 않습니다. 전문가들도 의견이 갈린다는 뜻이죠! 물론 뭐든 받아 주거나 너무 엄하게 굴어서 아이에게 해가 될 정도로 극단적이라면[3] 안 되겠지요. 하지만 이런 교육 방식의 차이는 대개 성향과 성장 배경, 각자의 두려움과 취약점에서 비롯됩니다. 그 점을 이해하면 해결책 목록을 만들면서도 두 사람은 상대방의 걱정에 귀 기울이고 이를 타당화해 줄 수 있게 됩니다.

가령 어린 시절 클로이의 아버지는 자주 큰 소리로 호통을 쳤고, 그럴 때마다 클로이는 움츠러들며 자존감에 상처를 입었습니다. 그래서 이선이 케일럽에게 단호하게 대하는 모습을 보면 객관적으로는 학대와는 거리가 멀다는 사실을 알면서도 마음이 불편해졌습니다. 케일럽을 자신과 동일시하며 이선이 더 상냥하게 대해 주기를 바란 것이죠. 클로이는 케일럽이 자기처럼 아버지를 두려워하게 되기를 바라지 않았고, 본인도 아버지처럼 아이에게 가혹하고 비판적으로 대하는 부모가 되고 싶지 않았습니다.

한편으로 이선은 열일곱 살짜리 사고뭉치 조카가 늘 신경 쓰였습니다. 누나와 매형은 조카가 아무리 제멋대로 굴고 다른 아이들에게까지 못된 행동을 해도 통제하거나 훈육할 생각을 전혀 하지 않았고, 이선은 그 점이 늘 못마땅했죠. 그래서 클로이가 '싸고도는' 바람에 케일럽이 자제심과 절제, 자존감을 배우지 못해 나중에 어려움을 겪게 될까 봐 걱정했습니다.

다행히도 이 대화는 클로이와 이선이 서로를 이해하고 인정해 줄 기회가 되었습니다. 그 결과 둘은 훨씬 가까워졌고, 아직 해결책이 정해지지 않았는데도 육아 면에서 진정한 파트너가 된 기분이 들었죠. 서로 더 깊이 이해하면서 신뢰가 두터워지고 걱정은 줄어들게 된 겁니다.

협상을 통해 합의안 마련하기

다음 단계는 협상입니다. 해결책 목록을 만든 뒤에 바로 협상을 진행해도 되고, 조금 쉬었다 해도 괜찮습니다. 먼저 혼자서 해결책 목록을 검토하세요. 어느 해결책이 마음에 들고, 그 이유는 뭔가요? 각 항목의 장단점은 뭘까요? 그런 다음 둘이 함께 해결책을 하나씩 소리 내 읽으면서 각자 자기가 생각한 장단점을 공유하세요. 둘 다 장점보다 단점이 크다고 생각하는 항목이 있으면 줄을 그어 지우세요. 남은 항목들 가운데 유용한 부분을 골라내서 합의안 하나로 합쳐 보세요.

앞선 단계에서와 마찬가지로 협상에도 참을성과 끈기가 필요합니다. "네가 기꺼이 이걸 해 준다면 나도 그걸 받아들일 의향이 있어"라는 식으로 흥정하는 것을 겁내지 마세요. 옳은 해결책이란 없습니다. 어떤 식으로든 효과가 있는 해결책과 그렇지 않은 해결책이 있을 뿐이죠. 당신이 고른 해결책이 실패하면 이 단계로 다시 돌아와서 뭐가 잘못됐는지 살펴보고 새 합의안을 마련하면 되니 걱정하지 마세요.

합의에 이르지 못하면 목표를 수정하는 것도 방법입니다. 두 사람이 해결하려는 문제가 너무 클 때는 다루기 쉬운 크기로 쪼개도 좋습니다. 아니면 이것보다 먼저 해결해야 하는 문제가 있을지도 모르고요. 전부 지극히 정상적인 과정이니 너무 걱정할 필요는 없습니다. 가장 중요한 것은 정확하고 명료하게 의사를 표현해서 효과적으로 대화하고 둘 다 수용할 만한 합의안을 찾아내겠다는 마음가짐입니다.

합의한 대로 실행하기

언젠가 두 사람은 결국 둘 다 받아들일 만한 합의안을 찾아낼 겁니다. 그 내용은 꼭 종이에 적어 두세요. 여러 이야기가 오가다 보면 내가 생각한 합의안과 상대방이 생각한 합의안이 서로 다를 수 있으므로 명확히 글로 남겨 두는 것이 좋습니다. 그런 다음 적어도 하루 동안은 논의를 멈추고 잠시 묵혀 둡니다. 그 뒤에 다시 머리를 맞대고 합의안을 검토해 보세요. 둘 다 여전히 합의안에 만족한다면 실행 단계로 넘어가면 됩니다.

하지만 하루 사이에 생각이 달라져도 놀랄 필요는 없습니다. 합의안이 더 좋아 보일 수도, 다시 보니 별로인 것 같을 수도 있죠. 꽤 흔한 일이니, 좌절하지 마세요! 그냥 협상 단계로 다시 돌아가면 됩니다. 서로 탓하는 일 없이, 잘되리라 믿고 성실하게 협상에 임하세요.

본격적으로 시작하기 전에 합의안을 언제부터 실행하면 좋을지 등 기간에 관해서도 미리 이야기를 나누세요. 그리고 합의안이 계획대로 효과를 내고 있는지 확인할 시점을 정해 두세요. 빨리 해치워야 한다는 부담감을 느끼지 않을 만큼 멀리 잡되, 초반에 수정할 부분을 찾아내서 성공 가능성을 극대화할 수 있을 만큼 가깝게 잡아야 합니다.

다음 질문들에 답하며 생각해 보세요. '합의안이 효과가 있는지 아닌지 어떻게 알 수 있을까? 어떤 기준으로 확인해야 할까? 완전한 성공과 부분적 성공, 완전한 실패를 가르는 기준은 뭘까?' 이에 관해서도 미리 합의하고 넘어가세요.

결과를 평가하고 수정하기

해결책의 결과를 평가할 때 역시 진심을 담은 대화가 중요합니다. 내 성공을 뽐내고 상대의 실패를 고소해 하거나, "내가 그럴 줄 알았다"라며 상대를 탓하거나, 자기 아이디어가 생각대로 풀리지 않았다고 민망해 하면 안 된다는 뜻이죠. 둘이 함께 내린 결정인 만큼 성공도 실패도 함께하세요.

실제로는 많은 계획이 첫 시도에서 실패합니다. 두 번째, 세 번째까지 실패하는 사례도 적지 않고요. 간단히 해결될 문제였다면 진작 해결하고도 남았겠죠. 감정을 자극하는 까다롭고 복잡한 문제라서 풀기 어렵고, 그만큼 여러 번 시도해야 하는 겁니다.

결과를 평가할 때는 합의안을 만들면서 정해 둔 기준에 따라 계획이 얼마나 효과적이었는지 살펴봐야 합니다. 효과가 있었다면 서로 등을 토닥여 주세요. 정말 잘 해냈고, 행운도 따랐다고요. 일이 계획대로 되지 않았다면 뭐가 잘못되었는지 파악하세요. 잘 되지 않았던 사례를 분석해 보는 것도 좋습니다. 상황을 좀 더 자세히 들여다보면서 전체 과정을 다시 검토하세요. 대개 처음보다는 훨씬 빨리 진행되니 걱정할 필요는 없습니다. 그런 다음 이번 실패에서 배운 것을 토대로 더 나은 합의안을 새로 만들고, 성공인지 실패인지 평가할 시점과 기준도 다시 정해서 실행하면 됩니다. 필요한 만큼 반복하세요.

완벽한 합의안을 찾기까지는 시간이 꽤 걸립니다. 하지만 이번 수업에서 살펴본 단계들을 보면 알 수 있듯, 그 과정에서 얻을 수 있는 부수적 이득도 많죠. 상대방만 탓하며 다툼을 반복하는 상태에서 벗어나 서로 더 깊이 이해하고, 자신의 생각을 명료하고 정확하게 표현하고, 상대방을 타당화하고, 한 팀으로서 문제를 함께 해결할 기회가 잔뜩 생겼으니까요.

연습

1. 해결책을 찾아가는 과정 전체를 쭉 실행해 보세요. 금방 풀릴 것 같은 작은 문제부터 시작하세요. 생각보다 덩치가 큰 문제여도 당황할 필요는 없습니다. 차례대로 단계를 밟으세요.

2. 두 사람이 연인으로서 문제를 해결한 결과를 평가해 보세요. 다음번에 더 잘하려면 각자 어떤 점을 더 신경 쓰면 좋을지 살펴보세요.

3. 다시 작은 문제 하나를 고른 다음 같은 과정을 반복합니다. 두 사람이 한 팀으로 작업하는 데 익숙해질 때까지

작은 문제들로 연습하세요.

4. 점점 더 복잡하거나 감정이 얽힌 문제로 옮겨 갑니다. 각 단계를 차근차근 따라가며 서로 타당화하는 것을 잊지 마세요.

아홉 번째 수업

해결책이 없는 문제를
해결하는 방법

이제 마무리할 때가 다가오고 있습니다. 이 책에서 우리는 다양한 기술을 배우고 연습했습니다. 지금껏 열심히 하신 분이라면 부쩍 향상된 상호작용 기술 덕분에 한층 안정적인 연애 생활을 누리고 계시리라 믿습니다. 하지만 문제는 여전히 남아 있을 테지요. 이건 누구의 잘못도 아닙니다. 삶에는 원래 문제가 따르는 법이거든요.

이번 수업의 목표는 여전히 남아 있는 문제에 동반되는 괴로움을 덜어내는 방법을 함께 살펴보는 것입니다. 지금까지 배운 기술을 조금 더 정교한 방식으로 활용하면 남아 있는 갈등을 친밀감으로 바꿀 수 있죠. 마음챙김과 수용으로 사랑하는 사람과 자기 삶에 오롯이 집중하면서, 좌절감에서 벗어나 둘이 함께하는 순간마다 마음의 평화와 따스한 행복을 누리시길 바랍니다.

상대를 지나치게
바꾸려고 하면 안 된다

살아가다 보면 내 마음에 드는 일도, 그렇지 않은 일도 잔뜩 일어납니다. 이 가운데에는 매우 중요해서 꼭 좋은 결과를 얻고 싶어지는 일도 있죠. 이렇게 간절한 마음은 원하는 결과를 얻으려고 열심히 노력할 동기가 됩니다. 다만, 안타깝게도 사람들은 현실적으로 얻을 수 없는 결과에 매달리기도 합니다. 특히 연인 관계에서 이런 일이 일어나면 극도로 까다로운 문제가 발생합니다.

우리는 대개 연인관계란 어떤 식이어야 한다는 자기 나름의 생각이 있습니다. 어떤 이들은 같이 활동적인 모험을 즐기며 매 순간을 함께하길 바라는가 하면, 냉정하고 험한 바깥세상에서 하루를 보내고 돌아온 서로에게 은신처 역할을 해 주길 바라는 사람도 있고요. 긍정적이고, 건강하고, 친밀하고, 서로 존중하는 관계가 어떤 모습이어야 하는지는 사람마다 가지각색입니다. 그러니 사람들은 자신과 생각이 비슷한 짝을 찾으려 하고, 그런 사람을 찾으면 뛸 듯이 기뻐하죠.

하지만 사람은 식습관, 경제관념, 성생활, 심지어 치약 짜는 법까지 취향이 천차만별입니다. 즉, 하늘 아래 똑같은 사람은 없다는 것이죠. 그런데도 우리는 이 사실을 종종 잊어버립니다. 더불어 모든 것은 변한다는 것 자체를 제외하면 세상에 변치 않는 것은 없다는 사실도요. 세상도 사람도 끊임없이 변하므로, 사랑하는 사람과 내가 한때 엄청나게 공통점이 많았더라도 언제까지나 그럴 거라는 보장은 없습니다. 대체로 우리는 이런 변화나 성장을 그런대로 잘 받아들이죠. 하지만 자신이 소중히 여기던 것이 달라지면 상실감이나 회한, 슬픔과 외로움을 느낍니다.

여기서 우리는 선택의 갈림길에 섭니다. 주변에서, 특히 사랑하는 사람에게 일어나는 변화를 거부하거나 아니면 받아들이거나. 변화에는 커다란 노력과 타협이 필요하며, 그렇기에 아픔(성장통, 상실감 등)이 따르기 마련입니다. 당신에게 맞춰 변하느라 사랑하는 사람이 그런 아픔을 겪는다고 합시다. 그러면 원하는 바를 얻은 당신은 안심하겠지만, 동시에 당신을 위해 원래 선호하던 방식을 포기하고 변해야 했던 상대방의 고통을 일부나마 함께 느끼게 되겠죠.

물론 변화는 활력과 만족감을 가져다줍니다. 하지만 새로 신나는 일이 생겼다는 건 원래 있던 소중한 무언가가 어떤 식으로든 사라진다는 뜻이기도 합니다. 더불어 변화를 받아들이는 데도 어느 정도의 아픔이 따라옵니다. 예전에 애착을 느꼈던 무언가가 이제는 변해서 달라지거나 사라졌음을 깨달으면서 애달픔을 느끼는 것이죠. 따라서 변화나 수용이 있으면 고통도 있고, 이는 충실하게 살아가는 삶의 일부입니다.

한편, 괴로움은 자기 마음에 들게끔 상황을 바꿀 수 없는데 그런 현실을 받아들일 수 없다고 고집을 부릴 때 생겨납니다. 바라는 것을 얻을 수 없다는 좌절감과 그 사실을 받아들이지 못하는 데서 오는 불만이 합쳐져 교착 상태에 빠지고, 계속 자기가 원하는 변화에 집착하게 되는 거죠. 게다가 이런 유형의 괴로움은 블랙홀처럼 주변의 모든 것을 빨아들이고 시간을 왜곡합니다. 그래서 여기에 빠지면 두 사람의 관계는 물론 삶 전체가 불만스러워지며 현재를 살아가지 못하게 되죠. 어디서도 평온함을 느낄 수 없고, 사랑하는 사람과의 친밀감에도 커다란 틈이 생깁니다. 굳이 이런 고생을 사서 할 필요는 전혀 없겠죠.

원하는 바를 이루려고 노력하지 '말라'는 말이 아닙니다. 누구나 노력할 권리가 있으니까요. 문제는 상대방을 계속 바꾸려고 들 때 내 삶과 두 사람의 관계에 악영향이 미칠 수도 있다는 점을 기억하는 것이죠. 그렇기에 다른 대안, 즉 처음에는 마음에 들지 않더라도 현재 상황을 받아들이는 수용을 고려할 필요가 있습니다.

**변화 대신
수용을 택하기**

나는 상대방이 제발 그런 행동을 그만두면(또는 내가 원하는 대로 해 주면) 좋겠는데, 계속 그런 일이 일어나고 도저히 달라질 것 같지 않습니다. 그래서 상대방을 바꾸려고 노력해 봤자 헛수고라는 생각이 들죠. 그럼에도 도저히 포기하고 싶지 않고요! 그렇다고 상황이 알아서 바뀌지도 않습니다. 이런 교착 상태에 빠지면 미칠 것 같은 기분이 되죠.

어떤 문제가 이런 유형에 속할까요? 원칙적으로 당신의 진정한 가치관과 정면으로 충돌하는 심각한 문제를 제외하면 상대방의 거슬리는 행동은 뭐든지 변화 또는 수용 중 양자택일을 해야 합니다. 차를 항상 비뚜름하게 주차한다든가, 변기 뚜껑을 올려(아니면 내려) 둔다든가, 퇴근해서 집에 오면 온종일 어떻게 지냈는지 얘기하고 싶어 하는 당신을 내버려두고 꼭 잠깐 혼자 있으려 할 수도 있습니다. 아니면 반대로 당신이 잠깐이라도 혼자 있고 싶어 하면 삐친다든지, 당신이 소중히 여기는 물건을 부주의하게 다룬다든지, 치약을 중간부터 짠다는 것이 문제일지도 모르고요.

당신이 바꾸려고 무진 애를 썼던 일은 뭐든 여기 해당할 수 있습니다. 하지만 그 노력은 허사로 돌아갔고, 변화는 일어나지 않았죠. 이 가운데 하나를 골라서 상대를 바꿔 보려고 잔소리와 불평을 퍼붓고 분노, 짜증, 억울함을 드러내는 대신 다음에 소개하는 대안을 한번 시도해 보세요.[1] 마음이 바뀌면 언제든지 아무 손해 없이 다시 변화를 추구하는 쪽으로 돌아가면 됩니다.

내려놓음의 미학

　수용을 향해 나아가는 첫 번째 단계는 상대방을 바꾸는 데 (최소한 이 행동에 관해서는) 에너지 쏟기를 그만두는 것입니다. 간단하게 들릴지 몰라도, 실은 그렇지 않습니다. 상대를 바꾸려고 노력하는 '습관'을 단 며칠 또는 몇 주만이라도 내려놓기가 어려운 이유는 크게 두 가지입니다. 첫째, 마음에 들지 않는 상황이나 행동을 받아들이는 데는 고통이 따릅니다. 둘째, 변화에 에너지를 쏟지 않으면 최소한 처음에는 실망하게 됩니다. 자기가 바라던 것을 얻지 못한다는 현실에 직면하면 상실감을 느낄 수밖에 없으니까요.

　먼저 특정 행동을 바꾸려고 당신이 어떤 시도를 해 왔는지 낱낱이 파악해야 합니다. '문제' 행동에 관해 잔소리하고 불평하거나, 분노에 찬 쪽지 또는 이메일을 남겼나요? 며칠간 자신이 상대에게 어떤 언어적, 비언어적('잡아먹을 듯한 눈초리' 포함) 신호를 보내는지 찬찬히 관찰하세요. 상대를 바꾸려고 당신이 들이는 갖가지 노력을 하나도 빠뜨리지 말고 철저히 기록합니다.

　그런 다음 당분간만이라도 거기 적힌 모든 행동을 그만두세요. 적당히, 이를테면 3주 정도 기간을 정해서 그동안은 뭔가를 바꾸려는 목표를 내려놓으세요. 잔소리나 불평, 보란 듯이 진저리 치기, 어이없다는 표정 짓기, 치사한 보복 등등 상대방의 행동을 바꾸려고 시도했던 행동을 전부 멈춥니다. 일종의 휴전인 셈이죠.

단, 이 과정은 혼자서 해내야 합니다. 상대방에게 알리지 마세요. 이건 당신을 위한 일이지, 상대를 위한 것이 아니거든요. 물론 당신이 더이상 이 문제로 왈가왈부하지 않기로 했다는 걸 알면 상대방은 안심할지도 모르지만, 상대방을 배려해서 그러기로 한 것은 아니죠. 교착 상태에 빠진 '당신'이 다른 전략을 시도해보기로 스스로 선택한 겁니다. 원래 쓰던 전략은 통하지 않았으니, 이 방법으로 새롭고 더 평온한 곳에 도달할 수 있을지도 모르니까요.

↳ 실망감 다스리기

상대방을 바꾸려는 노력을 무사히 내려놓기 위해서는 그에 따르는 강렬한 실망감과 원하는 것을 얻지 못하는 데서 오는 좌절감, 거기서 파생되는 비판과 분노를 잠재울 수 있어야 합니다.

이유야 어쨌든 원하는 바를 이루지 못하면 실망감을 느끼게 될 가능성이 크죠. 실망은 슬픔이나 비탄과 같은 유형에 속하는 감정이기에 특성도 비슷합니다. 실망하면 가슴이 아프고, 활력도 떨어져서 마음을 닫거나 혼자 틀어박혀서 포기하고 싶은(최소한 일시적으로라도) 기분이 듭니다. 실망을 자연스럽게 소화해서 슬픔이나 우울감에 사로잡히지 않기 위해 다음 세 가지 방법을 참고하세요.

1. 실망감 타당화하기: 원하는 바를 이루지 못할 때 실망하는 것은 지극히 당연합니다. 스스로, 또는 다른 사람에게 부탁해서 이 감정을 인정하세요.

2. 아픈 마음 달래기: 자신에게 잘해 주세요. 일시적으로 슬픔에 빠진 친구를 대하듯 자신을 다정하게 돌봐 주세요. 주변 사람에게 위로받는 것도 좋은 방법입니다.

3. 적극적으로 활동하기: 활발히 움직이는 것은 효과가 증명된 우울증 치료법이며,[2] 슬픔이 우울로 변하지 않도록 막는 데도 탁월한 방법입니다. 여기에는 신체적, 사교적, 지적/인지적 활동이나 오락, 여가 활동이 모두 포함됩니다. 억지로라도 의욕을 끌어올려 움직이세요. 적극적으로 움직이면 부정적인 감정을 잊을 수 있을 뿐 아니라 긍정적인 감정이 새로 생겨납니다. 세상과 소통하며 즐겁게 활동하는 것이야말로 슬픔과 실망의 특효약입니다.

↳ 좌절감과 분노 내려놓기

일시적으로나마 상대를 변화시키려는 습관을 딱 끊으면 비판적 생각이 몰려올 수도 있습니다. 이를테면 이런 생각이 든다는 거죠. '왜 내가 이렇게 기분이 나빠져야 해? 내가 뭐 거창한 걸 바라는 것도 아닌데. 그냥 자기가 좀 변해 주면 되지. 별로 대단한 일도 아니잖아.' 이런 비난과 부인은 상당히 자연스러운 반응입니다. 이렇게 책임을 전가하지 않으면 자신의 부정적인 감정을 받아들여야만 하거든요.

그런데 이렇게 상대를 비판하다 보면 당연히 화가 나게 됩니다. 또한, 화가 나면 생각이 비판적으로 흐르죠. 이 패턴은 자연스럽고 이해가 가는 동시에 매우 파괴적이라는 점이 보입니다. 이렇게 기분이 나빠지면 상대방을 바꾸려는 예전 전략으로 돌아가고 싶은 충동이 들기도 합니다. 하지만 당신은 이미 잔소리를 그만두고 결과를 수용해 보기로 마음먹었죠. 지금 겪는 금단증상은 곧 지나갈 겁니다.

자주 싸우는 연인이었던 애니와 세스는 꾸준한 노력으로 관계를 크게 개선하는 데 성공했습니다. 하지만 여전히 서로 신경을 건드리는 점이 몇 가지 남아 있었죠. 서로 제발 달라지라고 호소하고, 여덟 번째 수업에서 다뤘던 문제 관리와 협상 기술을 몇 번이나 총동원하고, 답답한 마음을 명확히 표현했는데도 각자 상대가 원하는 대로 바뀔 기미가 없다는 게 문제였습니다.

일례로 세스는 거의 일주일에 두 번꼴로 잠자리에 들기 직전에 고양이와 신나게 놀아 주곤 했습니다. 그러고 나면 너무 흥분한 고양이는 몇 번이고 침대로 뛰어들었고, 그 탓에 애니는 간신히 잠들었다가 다음 날 아침 몹시 피곤해 했죠. 애니는 세스가 고양이와 온 집안을 뛰어다니며 야단법석을 떠는 소리만 들려도 화가 치밀었지만, 그쯤 되면 말려도 소용이 없었습니다. 하지만 애니는 여전히 세스를 나무라며 자기 전에는 제발 좀 과격하게 놀지 말고 낮에 하라고 계속 잔소리를 했습니다.

한편으로 애니는 물건을 놔두고 오는 버릇이 있었습니다. 열쇠(자기 것이든 세스 것이든)를 잃어버리거나, 열쇠를 안에 두고 집이나 차 문을 잠가 버리거나, 지갑이나 가방을 식당에 두고 오는 식이었죠. 그래서 세스에게 자기를 '구하러' 와 달라고 할 때가 많았고요. 애니가 슈퍼마켓 주차장에서 열쇠를 안에 놔두고 차 문을 잠그거나 하면 세스는 회사에 있다가도 차 문을 열어 주러 가느라 일에 지장을 받았습니다. 이런 일이 지긋지긋했던 세스는 애니에게 제발 열쇠와 지갑 좀 잘 간수하라고 화를 냈습니다.

애니도 세스도 나쁜 사람은 아닙니다. 둘 다 꽤 책임감 있는 성인이고, 서로 사랑하는 사이죠. 각자 약간 문제 있는 행동을 습관적으로 반복할 뿐입니다. 누구라도 짜증 낼 만큼 별난 버릇인 건 맞습니다. 그렇다면 이제 어떻게 해야 할까요? 둘 다 상대방이 달라지게 하려고 갖은 애를 썼지만, 소용이 없었습니다. 이런 상황이야말로 불평하며 상대방을 미워하던 옛 방식을 버리고 자신을 미치게 하는 상대방의 행동을 수용해 볼 기회입니다.

애니는 세스가 자기 전에 고양이와 신나게 놀더라도 비난하지 않기로 마음먹었습니다. 그래서 잔소리를 딱 끊었고, 세스에게 소리를 지르고 싶어질 때마다 그 상황을 색인 카드에 꼼꼼히 기록했습니다. 적다 보니 양이 꽤 많았죠. 더불어 자신의 실망에 주목하며 비판과 분노를 내려놓기로 하고 나니 놀랄 정도로 커다란 슬픔이 밀려왔습니다. 여전히 비판적인 생각도 불쑥불쑥 튀어나왔습니다. '다 큰 어른이 왜 저러는 거야' '배려심이 요만큼도 없어' 같은 식이었죠.

하지만 애니는 견뎌 냈고, 자신을 다독였습니다. 둘이 소란을 피우는 소리가 들리면 애니는 자기가 아끼는 의자에 앉아서 가장 좋아하는 CD를 틀었고, 음악 한두 곡을 즐기며 긴장을 풀었습니다. 자신을 타당화하는 노력도 기울였습니다. 자기 방식을 고수할 수 없게 되었으니 슬픈 것도 당연하며, 세스를 비난하고 싶은 충동을 참는 것 또한 당연히 쉽지 않은 일이라고 받아들였죠. 그러는 동안 친구들과도 시간을 보내고, 세스와 둘이 데이트 하러 나가서 즐겁게 지내기도 하며 적극적으로 움직이는 것도 잊지 않았습니다.

두어 주가 지나자, 애니는 자기 전에 고양이와 놀아 주는 세스에게 부정적인 반응을 전혀 보이지 않게 되었습니다. 그런 자신이 자랑스러웠지만, 세스가 그렇게 행동할 때마다 제발 그만두기를 바라는 마음은 여전했죠. 그래서 애니는 이제 다음 단계로 넘어갈 때라고 판단했습니다.

애니가 이 과정을 거치는 동안 세스 또한 자기 나름대로 애니의 건망증을 받아들여 보기로 마음먹었습니다. 애니가 열쇠며 지갑, 영수증 등등을 잃어버릴 때 자기가 부정적이고 비판적인 반응을 보인다고 건망증이 나아지지는 않는다는 사실을 깨달은 거죠. 세스는 최근에 고양이를 데리고 병원에 가야 하는 애니가 차 문을 열어 달라고 하는 바람에 회사에 있다가 돌아와야 했던 사건을 찬찬히 살펴봤습니다. 그러면서 자신이 일을 방해받았다는 짜증 외에도 직장동료들이 자신을 어떻게 볼까 하는 걱정, 나갔다 오느라 업무가 밀려 야근해야 한다는 실망감을 느꼈음을 알게 되었죠. 애니를 바꾸려는 노력을 그만둔다는 건 이런 부정적인 감정을 앞으로도 계속 느껴야 한다는 뜻이었습니다.

의외였던 것은 생각해 보니 낮에 애니와 고양이를 잠깐 만나고 다시 회사로 돌아갈 때 선뜻 발길이 떨어지지 않았다는 점이었습니다. 아쉬웠던 거죠! 얼굴을 본 시간이 너무 짧아 서운했지만, 그때는 비판(진짜 이기적이고 책임감 없는 사람이야)과 분노에 휩싸여 알아차리지 못했을 뿐이었습니다. 세스는 이런 감정들을 스스로 타당화하면서 애니의 건망증에 관해 불평하고 비난하는 것은 그만두는 연습을 시작했습니다.

며칠에서 몇 주 동안 상대를 바꾸려는 노력을 멈추면 점점 적응되면서 받아들이기 쉬워집니다. 그럼에도 상대방의 행동이 여전히 조금(아니면 많이) 거슬릴 수도 있습니다. 만약 미칠 것 같았던 행동이 전혀 신경 쓰이지 않는다면 자신에게 이롭지 않았던 습관을 고치는 데 성공했다는 뜻이죠. 축하드립니다! 이제 앞으로 나아가거나, 다음으로 넘어가서 다른 '문제' 행동을 받아들이면 됩니다. 하지만 상대방의 행동이 여전히 거슬린다면 다음 단계로 넘어가서 변화 습관을 고집할 때 생기는 결과를 살펴볼 차례입니다.

연습

1. 상대방의 행동 가운데 당신이 어떻게든 바꾸려고 해 봤으나 소용이 없었던 것들을 목록으로 정리해 보세요.

2. 그중에서 당신이 두어 주 동안 참아 볼 만한 행동을 하나 고릅니다.

3. 비판, 불평, 잔소리, 요구 등 상대방을 변화시키려는 시도를 전부 그만둡니다.

4. 앞서 설명한 단계를 따라 실망감을 관리하고, 비판과 분노를 내려놓으세요.

> 5 이제 해당 행동이 거슬리지 않게 되었다면 효과적으로 습관을 고친 자신을 칭찬해 주세요. 그런 다음 2번으로 돌아가서 다른 행동을 골라 똑같이 반복하면 됩니다. 여전히 신경 쓰인다면 다음 내용으로 넘어가세요.

효율적으로 맞춰 가기

사랑하는 사람의 거슬리는 행동을 온전히 받아들이려면 강력한 동기가 필요합니다. 수용은 어떻게든 변화를 추구하려는 우리 본성에 어긋나는 행동이기 때문이죠. 이번 단계에서는 변화를 고집하는 데 따르는 '대가', 즉 교착 상태가 초래하는 괴로움에 관해 더 깊이 살펴봅니다.

앞의 연습 과제에서 당신은 상대방의 행동을 참고 받아들이기 위해 노력해야 하는 상황 목록을 만들었습니다. 하지만 그냥 참는 것만으로는 부족했죠. 여전히 괴롭고 힘들었습니다. 여기서 계속 변화를 기대하고 바란다면 어떤 대가를 치르게 될까요?

상대를 비난하거나 잔소리와 불평을 퍼붓고 싶은 마음을 억눌러야 하는 상황이 올 때마다 무슨 일이 일어나는지 관찰하세요. 상대방의 행동을 아무리 오래 '참아 내도' 당신은 만족스럽지 않고, 삶의 나머지 부분에도 집중할 수 없기에 앞으로 나아가지 못하고 괴로울 겁니다. 하지만 문제는 여기서 끝나지 않죠. 부정적인 감정이 올라오면 몇 분 또는 몇 시간 동안 당신이 상대방(더불어 다른 주변 사람들)과 상호작용하는 방식, 그리고 그때 느끼는 감정 또한 완전히 달라집니다.

이번 단계의 핵심은 상대를 바꾸려는 욕구에 따르는 이 모든 대가를 정확히 계산해 보자는 것입니다. 하루에 몇 분 동안이나 심기가 불편한가요? 부정적인 감정에는 어떤 결과가 따르나요? 경제학자들은 특정 방식으로 반응하는 데 따르는 대가를 '반응 비용response cost'이라 부릅니다. 여기서는 상대방을 바꾸려고 고집하는 데 따르는 비용이겠죠. 덧붙여 거기에 에너지를 쏟지 않았으면 할 수 있었을 일들을 가리키는 '기회비용'도 생각해야 합니다. 비판적 생각과 분노에 휩싸이면 평온함이나 느긋함, 친밀감, 즐거운 시간을 누릴 기회를 잃게 되니까요.

새 노트를 하나 마련하세요. 슬픔이나 실망, 좌절, 분노를 느낄 때마다, 특정 행동에 비판적인 생각이 들 때마다 꼼꼼히 기록합니다. 그다음엔 어떻게 됐나요? 그 일을 잊어버리기까지 얼마나 걸렸나요? 평정심을 찾기까지 얼마나 걸렸나요? 반응 비용은 얼마나 큰가요? 기회 비용은?

실망과 분노에는 다음과 같은 결과가 따를 수 있습니다. 우선 말다툼에 '최적화'된 상태이므로 다른 주제로도 시비가 붙기 쉽고, 상대방과의 심리적 거리감을 느끼게 되며, 상대방의 다른 행동에도 관심이 줄어듭니다. 게다가 당신뿐 아니라 상대방도 괴로움을 느끼게 됩니다. 당신이 행동을 바꾸라는 노골적 압박을 그만두더라도 상대방은 여전히 당신이 보내는 부정적인 신호를 감지하기 때문이죠. 그 탓에 두 사람 사이에는 어색한 분위기가 생겨납니다. 이 모든 비용을 합산해 보세요.

계산해 봤더니 비용이 적은 편이라면 아마 다음 단계로 넘어가고 싶지 않을 겁니다. 다음 단계는 특히 까다롭기 때문이죠. 계단 오르기보다는 등산에 가깝달까요. 산 너머 경치는 정말 멋지지만, 지금 있는 곳에 만족한다면 상대방을 온전히 받아들인다는 힘겨운 작업에 굳이 손대고 싶지 않을지도 모릅니다. 누구나 자신을 바꾸기는 힘든 법이니까요.

하지만 비용이 매우 크게 나왔다면 상대방의 행동을 새로운 맥락에서 바라보며 다른 의미를 찾아내게 됩니다. 괴로움에서 벗어나 다른 방식으로 반응하는 법을 배우는 다음 단계에 도전할 가치가 생기는 거죠.

애니는 3주간 꾸준히 일지를 썼습니다. 그러다 보니 세스를 바꾸려는 자기 고집이 일상을 온통 차지하고 있음을 깨달았죠. 하루에도 몇 번씩 이 문제를 떠올렸고, 그럴 때마다 부정적인 흥분이 뒤따랐습니다. 세스가 퇴근해서 집에 돌아와도 그리 반갑지 않았고, 고양이와 노는 모습을 보면(언제 어떤 식으로 놀아 주든 상관없이) 살짝 짜증이 올라왔습니다. 고양이가 흥분해서 빨리 잠들지 못하는 날이면 여전히 화가 났고요.

이유를 생각해 보니 취침 시간이 조금이라도 늦어지면 자기도 모르게 혼자만의 시간이 침해당한다고 느꼈다는 사실을 알게 됐죠. 물론 하나하나 말이 되는 반응이었지만, 낭비되는 비용이라는 점에는 틀림이 없었습니다. 합산한 비용이 어마어마하다는 사실을 파악한 애니는 세스의 행동을 바꾸려는 자신의 습관적 태도를 버리기로 다짐했습니다.

세스도 애니의 행동을 받아들이지 않는 데 따르는 비용을 계산해 봤습니다. 차 문을 열어 주느라 회사에서 외출해야 했던 날을 되돌아본 세스는 자신이 애니에게 비판을 퍼부었고, 나중에 집에 돌아오니 애니가 상처받은 얼굴로 냉담하게 굴었던 것이 기억났습니다. 자신이 원래 얻고 싶었던 평온한 연인관계, 애정 넘치는 사이와 점점 거리가 멀어지는 셈이었죠. 기록을 하다 보니 세스는 애니와의 관계와 자기 자신의 실망감을 더 깊이 들여다볼 수 있게 되었습니다. 애니를 비판하는 자신의 태도가 생각보다 크고 오래가는 부정적인 영향을 끼친다는 사실도 알게 되었고요. 그래서 애니를 건망증이 심한 모습까지 있는 그대로 받아들이기로 마음먹었습니다.

평온함을 되찾고 현재의 삶에 집중하기

오랫동안 당신은 사랑하는 사람이 바뀌지 않은 탓에 당신이 괴롭다고 생각해 왔을 겁니다. 하지만 불가능한 계획에 대한 당신의 집착, 변화를 기대하기 어려운 현실을 받아들이지 않으려는 완고함에서 모든 괴로움이 비롯되었다고 볼 수도 있죠. 어쩌면 당신을 미치게 하는 상대방의 행동에도 타당한 측면이 있는데, 당신이 부정적인 관점 한 가지만 고집하며 바라봤을지도 모릅니다.

↳ **새로운 맥락에서 바라보기**

당신은 그 행동을 한 가지 특정한 방식으로 바라보는 데 익숙해져 있고, 그러다 보니 그 관점과 연관된 부정적인 특성만 눈에 들어오게 됩니다. 마음을 열고 새로운 맥락에서 보려고 노력해 보세요. 당신이 그 사람을 사랑하는 이유는 뭔가요? 그 사람의 어떤 점을 좋아하나요? 당신이 질색하는 그 행동에서 그 사람답다고 여겨지는 부분이 있나요? 어쩌면 그런 행동조차 당신이 좋아하는 점과 연결되어 있을지도 모릅니다.

핵심은 이른바 '문제 행동'을 재조건화해 보자는 겁니다. 마음챙김 기법을 활용해 그 행동을 다른 맥락에서 살펴보세요. 그 경험의 다른 측면, 즉 진정한 측면이 두드러지고 문제가 되는 측면은 덜 두드러지게 하는 것이 목표입니다. 다른 말로 하자면 당신이 미처 보지 못했던 중요한 요소에 주목해서 관심을 쏟고, 문제 요소에는 관심을 두지 않으려고 노력해 보자는 거죠. 해당 상황에서 당신이 원하는 것(평온함, 친밀감, 즐거움, 만족 등)을 주는 측면을 골라 거기에 집중하세요.

마침내 애니는 세스가 고양이를 예뻐해서 열심히 놀아 주는 좋은 사람이라는 데 주목했습니다. 세스가 고양이를 아끼는 모습을 보면 기분이 좋기도 했고요. 더불어 세스가 자신을 사랑한다는 점도 떠올렸습니다. 사실 세스는 애니와 고양이와 함께 집에서 시간 보내기를 좋아하는 헌신적이고 가정적인 사람이었습니다. 밖으로 나돌지도 않고 흥청망청 술을 마시지도 않으니 이만하면 참 괜찮은 사람인데, 그동안 자신이 이런 장점을 너무 당연하게 여겼다는 생각이 들었습니다.

한동안 이렇게 현실적이고 진짜로 중요한 요소들에 의식적으로 주목하는 연습을 하고 나니 취침 전 놀이 시간이 더는 심각한 문제로 느껴지지 않았습니다. 오히려 행복한 시간으로 보였고, 흥분한 고양이를 진정시키려면 약간 더 손이 가기는 해도 큰 문제는 아니었죠. 애니는 자신이 세스의 행동에 왜 그렇게 집착했는지, 뭐가 그렇게 거슬렸는지 신기하다는 생각이 들 정도로 달라졌습니다.

세스도 마지막 단계를 밟으며 상황 전체를 보는 연습을 시작했습니다. 평소 애니는 고양이와 자신을 살뜰히 챙겼습니다. 가끔은 그렇게 남을 챙기느라 다른 일을 놓치기도 했죠. 애니의 건 망증 뒷면에는 깊은 헌신과 따스한 마음, 애정이 있었던 겁니다. 게다가 가끔 열쇠를 잃어버리기는 해도 애니는 꼼꼼한 살림꾼이 었습니다. 공과금도 제때 처리하고, 세스를 부족함 없이 잘 챙기며, 퇴근하면 살갑게 맞아 주었죠(특히 세스가 비난조로 나오지 않을 때는). 세스는 그런 애니에게서 열쇠를 잃어버리는 버릇은 사소한 일부분에 불과하다는 사실을 깨달았습니다.

↳ 다른 의미 찾아내기

사랑하는 사람의 행동을 이해하는 전략으로 그 사람의 삶을 깊이 들여다보는 방법도 있습니다. 상대방이 살면서 겪은 일을 생각하면 그 행동이 좀 더 이해되지는 않나요? 두 사람의 관계와 갈등, 또는 상대방이 중요시하는 가치를 고려한다면? 이는 앞서 다뤘던, 타당성을 찾아내는 작업과 상당히 비슷합니다. 이 행동은 어떤 면에서 타당할까요?

애니가 알기로 세스는 반려동물을 키워 본 적이 없었습니다. 그래서 고양이와 노는 매일 밤이 소중했죠. 애니는 이렇게 고양이에게 최선을 다하는 세스의 모습이 좋았습니다. 이런 새로운 의미들을 찾아낸 애니는 교착 상태에서 벗어나서 세스의 행동이 그 나름대로 타당함을 수용할 수 있게 되었습니다. 그러자 평화가 찾아왔고, 두 사람의 관계도 한결 돈독해졌죠.

마찬가지로 세스도 애니의 건망증 비판하기를 그만두면서 마침내 무의미하게 변화를 고집하던 교착 상태에서 벗어나게 되었습니다. 수용하기로 마음먹자, 애니의 다른 여러 가지 장점이 눈에 들어왔고요. 세스가 그런 장점에 집중하면서 두 사람은 훨씬 가까워졌고, 평온함과 행복감을 맛볼 수 있게 되었습니다.

이와 같은 단계를 밟으면 오랫동안 엄청난 괴로움을 불러일으킨 원인을 알아내고 고통을 덜어낼 수 있습니다. 진심을 담아 연습하면 해묵은 갈등을 친밀감으로 바꿀 수도 있다는 걸 기억하세요.

열 번째 수업

시들해진 우리 관계도
되살릴 수 있다

막 사귀기 시작했을 무렵의 두 사람은 아마 아주 즐거운 일들을 함께했을 겁니다. 누구와 해도 즐거운 일일지라도, 두 사람이 함께여서 더 특별했겠죠. 하지만 갈등이 늘어나고 긴장감이 높아지면 재미있는 활동을 점점 함께하지 않게 됩니다. 유쾌하고, 즐겁고, 친밀한 시간이 줄어들면서 관계의 활력과 의욕도 떨어집니다. 어떻게 보면 두 사람의 관계 자체가 시들해진 느낌입니다.

마지막 수업에서는 더 많은 일을 함께하고 더 많은 시간을 함께 보냄으로써 관계에 생기와 활력을 불어넣고 친밀감을 되살리는 방법을 배웁니다. 각자 따로 보낸 시간을 상대방과 공유함으로써 떨어져 지내는 시간을 더 의미 있게 보내게 되는 현상도 다룹니다. 사랑하는 사람을 위한 조건 없는 애정과 배려가 담긴 행동으로 관계를 돈독히 하는 방법도 함께 알아봅니다.

물리적으로
함께하는 활동 늘리기

비로소 우리는 흥분하거나 비난하는 일 없이 상대방과 상호작용하며, 함께 보내는 시간을 진심으로 즐길 수 있게 되었습니다. 이제는 한 걸음 더 나아가 연인으로서 세상과 소통하는 법을 알아볼 차례입니다.

연인들이 함께하는 삶에서 중요하다고 여기는 영역은 꽤 다양합니다. 그리고 각 영역을 얼마나 중요하게 생각하는지는 사람마다 다르고, 모든 영역의 활동을 함께해야만 만족스럽고 건강한 관계가 유지되는 것도 아닙니다.

여기서는 많은 연인들이 보편적으로 함께 즐기는 몇 가지 유형을 살펴보려 합니다. 이 가운데에는 아마 당신이 사랑하는 이와 즐겨 했던 활동도 있겠지요.

각 유형을 보면서 내가 예전에 좋아했던 일(상대방과 함께든 아니든)이 있는지, 가까운 미래에 하고 싶다는 생각이 드는 활동이 있는지 곰곰이 생각해 보세요. 신선한 상황과 활동일수록 우리 마음을 자극하고 삶에 활력을 줍니다. 우선 자기가 하고 싶은 일의 목록을 만들고, 가능하다면 사랑하는 사람에게도 권해 보세요. 그런 다음 다양한 일을 함께해 보세요. 마음을 열고, 과

감해지세요!

서로의 친구와 가족을 만나기

　자기 자신을 사랑하는 이의 반쪽으로 인식하는 것은 관계 개선에 도움이 됩니다. 하지만 그런 정체성은 연인이 되었다고 바로 형성되는 것이 아닙니다. 실제로 연인으로서 함께 활동하며 시간을 쌓아 갈 필요가 있죠. 서로의 친구와 가족을 만나는 것도 이런 활동에 포함됩니다. 물론 형제자매로서, 자식으로서 본인의 가족을 챙기고 둘이 아니라 혼자서 친구나 동료, 이웃과의 친목을 쌓는 것도 좋은 일입니다. 하지만 사랑하는 이의 반쪽이라는 정체성을 분명히 하고 싶다면 종종 연인과 함께 모임에 참석하고, 다른 사람들 눈에도 연인으로 비치게 하는 편이 바람직합니다.

　자기 정체성이 사랑하는 사람과 부분적으로 엮여 있다는 것은 두 사람의 관계가 탄탄하다는 뜻이기도 합니다. 이런 '연인다운' 정체성을 강화하는 방법은 연습뿐입니다. 더블데이트를 해도 좋고, 함께 가족을 만나거나 식사 모임을 열어도 되고, 생일 파티나 결혼식 등에 같이 참석하는 것도 좋습니다. 이런 친목 활동을 함께할 때는 각 개인이 아닌 연인으로서 세상을 접할 기회임을 인식하고 즐기는 것이 중요합니다.

커플 놀이 목록 만들기

　바쁘게 살다 보면 '해야 할' 일부터 처리하기에 급급해서 삶과 연인관계에 활력을 주는 재미난 일에는 시간내기가 어려워집니다. 게다가 붙어 있으면 싸움이 나는 커플은 집에 틀어박히기 쉽고, 뭔가를 하더라도 자기 혼자 또는 친구와 하는 편이 낫다고 여기게 됩니다. 하지만 '해야만 하는' 일이 아니라 삶의 즐거움을 함께 누리는 경험이야말로 마음의 문을 열고 관계를 되살릴 기회입니다. 조금 무리해서라도 시간을 내면 개인으로서도 연인으로서도 더 큰 활력을 얻게 됩니다.

　뭘 함께하면 재미있을지 이미 알고 있는 분도, 당장은 아무것도 생각나지 않는 분도 있을 겁니다. 가장 먼저 해야 할 일은 아주 긴 '커플 놀이 목록'을 만드는 것입니다. 둘이 함께 브레인스토밍을 해도 좋고, 각자 목록을 만들어서 합쳐도 좋습니다. 친구나 지인들에게 아이디어를 부탁하는 것도 좋은 방법입니다. 창의력을 한껏 발휘하세요.

　다만, 여행처럼 거창한 계획은 잠시 접어두세요. 물론 언제 어디로 가서 뭘 할지 둘의 의견이 척척 맞고, 거기 들어갈 돈과 시간이 넉넉하다면 여행도 아주 좋은 활동입니다. 하지만 이 목록 만들기에서 중요한 점은 매일, 아니면 적어도 매주 꾸준히 할 수 있을 만한 활동이어야 한다는 것입니다. 목록의 절반 정도는 돈이 부담스럽지 않을 만큼 적게 들거나 아예 들지 않는 활동으로 채우는 편이 바람직합니다.

해 볼 만한 활동을 브레인스토밍할 때는 예전에 해 봤더니 사이가 더 좋아졌거나, 이야깃거리가 생겼거나, 그저 함께하기만 해도 좋았던 일들을 먼저 고려하세요. 돈이 별로 들지 않는 대표적인 활동으로는 산책이나 하이킹 등이 있죠. 무료 관람 혹은 저렴한 콘서트, 전시회, 박람회, 공연 등을 찾아다녀도 좋고요.

단편소설, 시, 예전에 주고받은 편지, 공동 관심사가 담긴 글, 신문, 즐겨 보는 잡지 등을 함께 읽는 것도 괜찮습니다. 인터넷 검색으로 궁금했던 정보 찾기, 사진첩 정리하기, 함께 노래하거나 악기 연주하기, 도서관 가기, 함께 들을 음악 고르기처럼 아주 사소한 일도 좋습니다. 함께 운동하거나 스포츠를 즐기는 방법도 있죠.

내킬 때 바로 할 수 있도록 준비나 계획이 필요하지 않은 활동을 목록에 넣어 두세요. 한 번도 해 본 적 없거나 같이 한 적 없는 일, 일상적이지 않고 도전적이거나 엉뚱한 일을 과감하게 시도해 보세요. 다소 위험하더라도, 둘이 함께이니 괜찮습니다.

두 사람 다 재미있겠다고 생각한다면 집안일이나 처리해야 할 일을 함께하는 것도 좋습니다. 이를테면 페인트를 새로 칠한다거나, 함께 세차하는 거죠. 서로 물을 뿌리며 장난이라도 치면 금상첨화겠네요. 하지만 둘 중 한 명이라도 노동이라고 느끼거나, 적어도 당장 내키지 않는 활동은 고르지 마세요. 목록에서 지울 필요는 없지만, 지금은 다른 일을 하는 편이 낫습니다.

목록 중 몇 가지는 계획이 필요하거나 돈이 좀 드는 활동으로 골라도 괜찮습니다. 다음 주나 다음 달에 가고 싶은 콘서트나 스포츠 경기가 있는데 매진될 것 같다면 미리 표를 사 두어야(또는 돈을 모아 둬야)겠죠. 둘이 가장 좋아하던 식당의 아늑한 자리를 예약하는 것도 좋습니다. 이런 활동 모두 즐거운 시간을 함께 보낼 절호의 기회입니다.

커플 놀이 목록 만들기의 핵심은 색다름을 유지하는 것입니다. 주기적으로 새 항목을 추가하고, 알고 보니 실행이 어렵거나 해 봤더니 재미가 없는 항목은 삭제하세요. 계획이 필요한 활동은 미리미리 준비해야 한다는 점을 염두에 두고, 변수를 생각해서 시간 여유를 넉넉히 두세요. 물론 준비 과정을 상대방과 공유하는 것도 잊지 마세요.

서로의 내면을 탐험하기

사람은 누구나 내면에 자기만의 세계가 있습니다. 관심사나 세상을 보는 관점, 잘 아는 분야가 다 다르죠. 이런 내면세계는 각 개인이 어떤 사람인지 보여 줍니다. 예술, 대중음악 밴드, 철학, 자기 일, 인간관계에 관심이 많은 사람이 있는가 하면 지구온난화, 나날이 나이 드시는 부모님, 최신 기술 동향, 신발 유행에 신경 쓰는 사람도 있죠. 그런데 이런 생각들을 너무 오랫동안 자기 안에만 담아 두면 문제가 생깁니다. 나와 가장 가까운 사람조차도 내가 사실 어떤 사람이며 무슨 생각을 하는지, 뭘 좋아하고 어떤 일에 화를 내는지 잘 모르게 되는 것이죠.

처음에는 이런 관심사와 생각을 일부나마 공유하면서 서로 끌리고 좋아하게 됐을(그리고 지금도 좋아하는) 겁니다. 더불어 상대방이 매력적이라고 생각했던 이유 중에는 그 사람의 지식이나 관점, 취향도 있을 테고요.

원래 속내를 잘 모르겠는 사람에게 매력을 느끼기란 쉽지 않은 일입니다. 물론 자기 안에 틀어박힌 지 오래됐거나 예전에 자기 생각을 드러냈다가 비판받거나 무시당했다고 느낀 적이 있다면 마음의 문을 열기가 겁날 수도 있습니다. 하지만 이제는 다시 사랑하는 사람을 나의 내면세계에 들여놓고, 나도 그 사람의 세계로 여행을 떠날 때입니다. 막상 떠나면 묘하게 익숙한 느낌이 드는, 의외로 기분 좋은 여정이 될 겁니다.

여기서 유의해야 할 점은 흥미와 호기심, 그리고 각자의 불안감 사이에서 적절한 균형을 잡는 것입니다. 그러니 서두르지 마세요. 한 번에 몇 분씩만 시간을 내세요. 한 사람씩 돌아가며 자기 생각이나 관심사를 말하고, 다른 한쪽은 귀를 기울이세요. 혹시 모를 오해나 부담감이 없도록 이야기는 짧게 끝냅니다. 처음부터 길게 말하기보다 살짝 아쉬울 때 끊는 편이 낫습니다. 상대방의 내면에서 무슨 일이 일어나는지 알아내는 것도 중요하지만, 기대감을 높이는 것도 중요하거든요.

신문에서 읽은 신나거나, 슬프거나, 희망차거나, 걱정스러운 이야기도, 상대에게 알린 적 없는 취미나 소일거리 이야기도 좋습니다. 좋아하는 가수의 신곡을 들었다는 얘기도 좋고요. 이런 정보를 나누는 목적은 상대방의 내밀한 세계를 조금씩 탐색하는 것입니다. 얘기를 들을 때는 굳이 큰 반응을 보이지 않아도 됩니다. 그저 "그렇구나" "그건 몰랐네" "그거 재미있겠다" 정도면 충분합니다. 나는 힙합이나 컨트리음악이나 클래식을 좋아하는데, 상대는 록이나 살사나 재즈를 좋아해도 상관없습니다. 꼭 취향이 같아야 관심을 보일 수 있는 건 아니니까요.

본격적으로 대화를 시작하기 전에 반드시 상대방의 취향이나 관점이 나와 다르더라도 열린 마음으로 받아들이고 관심 있게 귀 기울일 준비를 갖추세요. 꽉 닫혀 있던 마음의 문을 열면 얼마든지 서로 얘기를 나눌 수 있습니다.

신념과 가치관 공유하기

신념은 누구에게나 있습니다. 이는 종교적일 수도 있고, 종교와 관련 없는 사회·도덕적 또는 개인적 소신에서 비롯되었을 수도 있죠. 어디에 뿌리를 두었든 가치관과 믿음, 윤리관은 우리가 누구인지 정의하는 데 빠질 수 없는 중추적 요소입니다. 그러니 사랑하는 사람에게(그 외 누구에게든) 내가 정말로 어떤 사람인지 알려주고 싶다면 이런 핵심 가치를 공유해야 합니다.

서로의 신념을 알아볼 수 있는 대화 주제로는 각종 사회 현안(가치관과 관련된 토론이 가능할 만한 뉴스 등), 육아 문제(아이가 바람직한 가치관을 형성하도록 돕는 방식 등), 종교 활동(기도, 명상, 자원봉사나 기부 등) 등이 있습니다. 종교나 영성에 관련된 글을 함께 읽고 의미를 논해도 되고, 자신에게 영감을 주는 롤모델이 있다면, 왜 그 사람을 존경하고 높이 평가하는지 들려주는 것도 좋습니다. 내가 친구나 동료, 유명인의 특정 행동과 태도에 동의하거나 반대하는 이유를 얘기해도 됩니다. 서로의 신념을 공유할 때도 중요한 것은 상대방의 말에 귀 기울임으로써 두 사람의 관계에 활력을 불어넣는 것입니다.

따로 또 같이의 가치

자, 이제 어떻게 하면 개인 시간을 즐기면서도 상대와 더 가까워질 수 있는지 살펴보죠. 다양한 활동으로 삶에 생기를 불어

넣는 것은 좋은 일입니다. 활기차게 생활하다 보면 기분도 나아지고 컨디션도 좋아지니까요.[1] 게다가 의외로 사랑하는 사람과 떨어져 있는 시간을 알차게 보낼수록 관계는 단단해집니다.

사랑하는 사람이 만족스러운 개인 일상을 보냈다면 함께하는 시간은 더 즐거워지고, 덩달아 당신도 에너지가 채워지는 느낌을 받습니다. 각기 다른 취미 활동을 즐기고 돌아와 경험을 공유함으로써 대화가 한층 더 풍성해지고, 서로를 향한 이해와 감사가 더욱 깊어지기도 하죠. 상대가 친구를 만나거나 혼자 취미 활동을 즐기러 간다면 당신도 부담 없이 원하는 활동을 즐길 수 있습니다. 상대가 당신의 취미를 지지해 줄 확률이 높기 때문입니다.

하지만 이런 결과를 얻으려면 세 가지를 지켜야 합니다. 첫째는 균형 유지입니다. 다양한 곳에 관심사를 두고 취미 생활을 즐기는 것도 중요하지만, 함께하는 시간에도 그만큼의 관심을 쏟아야 한다는 뜻이죠. 두 번째로 해야 할 일은 서로의 개인 시간을 존중해 주는 것입니다. 불안함이나 소외감을 느낄 필요는 없습니다. 다양한 취미를 즐기는 것은 건강하다는 증거니까요.[2] 개인 시간을 지지해 주는 건 넓은 의미에서 상대방의 행복에 이바지하는 셈입니다. 물론 둘이 함께하는 활동이 많으면 각자의 개인 시간을 지지해 주기도 그만큼 쉬워집니다.

마지막으로 할 일은 따로 보낸 시간에 관해 서로 이야기하는 것입니다. 그렇게 해서 신뢰를 쌓으면 서로 소외감을 느낄 여지가 줄어들죠. 더불어 이런 대화를 나눌 때는 그 시간을 존중하고 응원하는 마음을 표현해 주세요. 사랑하는 사람이 무엇을 좋아하는지, 어디서 의욕을 얻는지 알게 되면 나 자신도 상대방의 성장과 열정에 자극받습니다. 또, 원래는 흥미가 전혀 없거나 시도해 볼 수 없었던 일을 접할 기회가 되기도 합니다.

연습

1. 상대와 함께 각자 해 보고 싶었던 취미 활동을 쭉 적은 다음 서로 보여 주세요.

2. 일정을 확인하여 서로 의논한 후, 개인 활동 한두 가지를 각자의 주간 일정에 추가합니다.

3. 활동 이후 자기 경험을 상대와 공유하는 것을 잊지 마세요. 짧아도 괜찮습니다. 얘기를 나누면서 당신이 그 활동을 즐기거나 중요시하는 이유를 가능한 한 자세히 설명하고, 상대방의 취미에도 지지를 표하세요.

무조건적인 사랑의 힘

연인관계에서는 계산적이지 않고 다정하며 배려심 있게 애정을 표현하는 것이 중요합니다. "그냥 자기 생각이 나서 말 걸었어. 보고 싶다"라는 메시지를 받거나, 책을 읽는 당신에게 가만히 다가와서 "뭐라도 마실래?"라고 묻고 음료를 가져다주면 마음이 참 훈훈해지죠.

이렇게 사소하면서도 사려 깊고 애정 어린 행동이 차곡차곡 쌓이면 호의로 받아들여지고, 상대방에게도 배려를 돌려주고 싶은 마음이 생겨납니다. 하지만 이런 사소한 배려는 보답받으려는 기대가 아니라 '그냥 그러고 싶은 마음'에서 나와야 합니다. 즉, 조건이 없어야 하고, 하물며 누가 더 배려했는지 점수를 매기듯 따져서는 안 됩니다. 다정하게 행동할 마음이 들지 않는다면 안 해도 괜찮습니다. 작은 배려는 그리 어렵지 않다는 사실만 기억하세요.

상대에게 해 줄 만한 작은 배려를 미리 생각해 두었다가 하루에 두어 개씩 실천해도 좋고, 그냥 배려심 있게 행동하겠다고 다짐하고 그때그때 시도해도 됩니다. 자신이 좋은 연인이 되려고 노력하고 있다는 인식, 그리고 겉으로 보이든 보이지 않든 상대방도 당신의 노력을 어느 정도 느끼고 있으리라는 확신이 곧 보답입니다.

구체적인 방법을 알아볼까요? 애정이나 고마움이 드러나는 행동, 상대방을 잠시나마 기분 좋게 해 줄 작은 배려를 떠올려 보세요. 눈이 마주치면 미소를 지으세요. 어깨나 발을 주물러 줘도 좋고요. 아침에 출근하면서 "오늘도 보고 싶을 거야"라는 메시지를 남겨 놓는다든가, 원래는 주로 상대방이 하는(아니면 아무도 안 하는) 일을 대신해 주는 것도 좋습니다. 굳이 돈을 쓰거나 대단한 일을 할 필요는 전혀 없습니다. 애정과 배려가 담긴 사소한 행동이면 충분합니다.

만약 사랑하는 사람이 당신에게 따뜻한 행동을 보여 준다면 마음에 잘 새겨 두세요. 고맙다고 말하는 것도 좋지만, 그 배려와 애정을 마음 깊이 받아들이고 음미하는 것이 더욱 중요합니다. 당신과 가까워지려는 상대의 노력에 당신이 진심으로 즐거워한다면 상대는 무척 뿌듯해질 테니까요. 마찬가지로 애정과 배려를 가득 담으려는 당신의 노력 또한 상대방에게 긍정적인 자극이 될 겁니다.

> 연습

1. 사랑하는 사람에게 해 주고 싶은 사소한 일, 애정이나 배려가 담긴 행동을 열 가지 이상 떠올리거나 적어 보세요. 되도록 최근에는 한 적 없는 일로 고릅니다.

2. 매일 한 가지 이상을 실천하기로 다짐한 다음, 먼저 마음속으로 예행연습을 하세요. 상대에게 불만이 있는 상황이라도 이 일을 실천하는 모습을 상상합니다. 상대를 향한 애정에 초점을 맞춰 의욕을 끌어올리세요.

3. 마지못해서가 아니라 진심에서 우러난 태도로 매일 실천에 옮기세요. 점점 능숙해지는 자신을 칭찬해 주세요.

이제 다시 사랑할 시간

누구나 알다시피 인생은 유한합니다. 이 점을 진심으로 깨닫는다면 '오늘 하루를 어떻게 보내야 할까?'라는 질문에 완전히 새로운 의미가 담기게 됩니다. 마음에 안 드는 흠결에만 신경 쓰면서 인생을 보내고 싶은가요? 사랑하는 사람을 비판하는 최고의 전문가가 되고 싶나요? 훗날 후회하지 않을까요?

선택권은 당신에게 있습니다. 갖지 못한 것, 마음에 안 드는 점만 찾아내서 실망하고, 비판하고, 남 탓으로 돌리고, 화를 낼 수도 있겠죠. 아니면 자기가 가진 것에 주목하며 그것을 온전히 즐기려고 노력할 수도 있고요. 물론 원하는 것을 갖지 못했거나 가진 것이 마음에 들지 않을 때 그런 욕구를 인식하고 타당화하는 것도 중요합니다. 스스로 또는 사랑하는 사람과 함께 상황을 개선하려고 노력해야 할 때도 있고요.

하지만 인생이란 만족스러운 부분과 불만족스러운 부분이 뒤섞여 있습니다. 그러니 어디에 어떤 식으로 관심을 쏟느냐가 우리 감정과 만족감, 그리고 인간관계에 지대한 영향을 미칩니다. 역설적일지 몰라도 지금 가진 것을 받아들이고 아낄수록 그것이 정말로 소중해지고, 불만이었던 부분을 바꾸기도 훨씬 쉬워집니다.

지금 곁에 있는 그 사람이 바로 당신이 사랑하는 사람이자 삶의 동반자임을 잊지 마세요. 그 사람이 있기에 당신은 혼자가 아닙니다. 함께하세요. 이래야만 한다, 저래야만 한다는 생각을 내려놓고 지금 가진 것을 끌어안으세요. 같이 있는 시간을 음미하세요. 원하는 대로 되지 않았다고 아쉬워하지 마세요. 사랑하는 사람에게 관심을 쏟을수록 상대방 또한 당신에게 다가와 관심을 보일 거라는 사실을 기억하세요. 당신이 이해하고 수용할수록 상대방 또한 당신을 이해하고 수용할 테고요.

당신이 애정을 담아 자기 뜻을 정확히 표현할수록 상대방도 다정해질 겁니다. 당신이 고마워하고 즐거워할수록 상대방도 감사와 기쁨으로 답할 겁니다. 당신을 사랑하고 당신이 사랑하는 사람과 함께하는 삶에는 평온함이 가득하겠지요. 다시 한번 강조하지만, 그 사람은 당신의 동반자입니다. 지금 당신 곁에 있는, 당신이 사랑하는 그 사람에게 최선을 다하세요.

감사의 말

진정한 멘토는 평생 한 사람만 있어도 다행이라고들 합니다. 여러 멘토가 계셨던 저는 매우 운이 좋았던 것이겠지요. 특히 이 책을 쓸 때는 제 멘토이자 친구이며 동료인 마샤 리네한^{Marsha M. Linehan} 박사님께 큰 영감을 받았습니다. 지난 이십 년간 심리치료 분야에서 가장 혁신적인 업적으로 손꼽히는 변증법적 행동치료(DBT)를 개발한 장본인이시죠. 또, 제 지도교수이자 멘토였으며 1999년 아까운 나이로 세상을 떠나신 닐 제이컵슨^{Neil S. Jacobson} 박사님은 커플 치료와 관계 상호작용, 연구 방식에 관해 많은 것을 가르쳐 주시고 복잡한 문제에 새로운 방식으로 접근하도록 이끌어 주셨습니다. 두 분은 제가 감히 뒤를 이을 수 있을지 송구스러울 정도로 훌륭한 스승이셨습니다.

제 친구이자 동료인 페리 호프먼^{Perry Hoffman}은 오랫동안 저와 함께 DBT를 연구하며 한결같은 지지와 우정을 보여 주었습니다. 고통받는 커플과 가족들을 돕고자 하는 페리의 열정은 저를 이끄는 좋은 본보기였죠. 그 밖에도 DBT를 커플과 가족 치료에 적용할 방법을 고민하는 제게 영감을 주고, 이 책의 아이디어나 초고, 관련 논문에 피드백을 주며 도움과 격려를 아끼지 않은 동료가 수없이 많습니다. 특히 린다 디메프Linda Dimeff, 크리스틴 퍼치Christine Foertsch, 안나 코베르Anna Kåver, 베벌리 롱Beverly Long, 엘리사베트 말름퀴스트Elizabeth Malmquist, 리셸 모엔무어Richelle Moen-Moore, 알렉 밀러Alec Miller, 오사 닐손네Åsa Nilsonne, 아니타 올손Anita Olsson, 조앤 루소Joan Russo, 르네 슈나이더Renee Schneider, 더그 스나이더Doug Snyder, 리즈 심프슨Liz Simpson, 찰리 스웬슨Charlie Swenson, 수잔 위터홀트Suzanne Witterholt에게 깊은 감사를 표합니다.

지난 여러 해 동안 저는 운 좋게도 우리 DBT 커플 및 가족 클리닉에서 뛰어난 심리치료사들과 함께 일할 수 있었습니다. 그중 많은 분이 이 책의 아이디어를 내고, 임상에 적용하고, 평가하는 과정에 도움을 주셨습니다. 질 콤프턴Jill Compton, 케이트 아이버슨Kate Iverson, 리즈 모스코Liz Mosco, 베키Becky, 파실라스Pasillas, 제니퍼 세이어스Jennifer Sayrs, 채드 솅크Chad Shenk, 스티븐 소프Steven Thorp에게 특별한 감사를 전합니다.

물론 연인관계에 관해 우리가 다양한 지식을 얻을 수 있었던 것은 실제 연인들 덕분입니다. 그렇기에 여러 연구 프로젝트에서 커플 상호작용의 기본 원칙을 배우고 그 결과를 평가하는 과정에 참여해 주신 분들께도 감사 말씀을 전합니다. 또한, 경계선 성격장애가 있는 사람의 가족에게 교육과정을 제공하는 '패밀리 커넥

션Family Connections' 프로그램에서 제게 아이디어와 영감을 주고 지지를 보내 주신 진행자와 참가자 여러분께도 감사드립니다.

덧붙여 이 책은 마음챙김과 이해를 통해 괴로움을 덜어내는 방법에 관해 틱낫한 스님의 여러 저서에서 큰 영향을 받았음을 밝혀 둡니다.

뉴 하빈저New Harbinger 출판사 관계자분들, 특히 이 책이 나오기까지 많은 격려와 아이디어를 제공해 준 매트 매케이Matt McKay와 캐서린 서트커Catharine Sutker, 사려 깊은 편집으로 큰 도움을 준 브래디 칸Brady Kahn에게 크나큰 감사를 전합니다. 여러분과 함께 일할 수 있어 진심으로 즐거웠습니다.

가족들이 있었기에 이 책을 쓸 수 있었습니다. 우리 아이들이 훌륭하게 자라 주어 마냥 감사할 따름입니다. 제 멋진 아내 아미다Armida는 한결같은 사랑과 열정, 지성, 정서적 뒷받침으로 제 삶을 풍성하고 보람찬 모험으로 만들어 주는 사람입니다. 아내의 사랑과 지지가 없었다면 이 책을 끝내기는 고사하고 시작하지도 못했을 겁니다.

미주

수업을 시작하며

1 Yerkes and Dodson 1908
2 Mandler 1993
3 Fruzzetti et al. 2003
4 Linehan 1993a; Fruzzetti and Iverson 2006; Fruzzetti, Shenk, and Hoffman 2005
5 Fruzzetti and Iverson 2006
6 Fruzzetti and Jacobson 1990
7 Brown and Harris 1978 예시 참조
8 Fruzzetti 1996
9 Whisman and Uebelacker 2003
10 Cummings and Davies 1994; Gottman and Katz 1989 예시 참조
11 Jacob son et al. 1991; Jacob son et al. 1993 예시 참조
12 1993a, 1993b; see also Fruzzetti 2002
13 Fruzzetti 1997; Fruzzetti and Mosco 2006; Fruzzetti and Iverson 2004; Fruzzetti and Iverson 2006; Fruzzetti and Fruzzetti 2003; Fruzzetti, Hoffman, and Santisteban, forth coming; Fruzzetti and Jacob son 1990; Hoffman, Fruzzetti, and Swenson 1999; Hoffman et al. 2005 예시 참조

첫 번째 수업

1 Bishop et al. 2004; Brown and Ryan 2003; Fruzzetti and Iverson 2004

2   Baer 2003; Bishop et al. 2004; Brown and Ryan 2003; Fruzzetti and Iverson 2004; Nhât Hanh 1975, 1987 예시 참조
3   Linehan 1993a, 1993b
4   Linehan 1993b; Fruzzetti and Iverson 2006 참조
5   Nhât Hanh 1975
6   Greenberg and Johnson 1990; Fruzzetti and Iverson 2006
7   Linehan 1993b 참조
8   Nhât Hanh 1975, 1987
9   Linehan 1993b; Nhât Hanh 1975
10 Linehan 1993b

네 번째 수업
1   Fruzzetti, Shenk, and Hoffman 2005

다섯 번째 수업
1   Fruzzetti et al. 2006
2   Iverson and Fruzzetti 2006
3   Fruzzetti, Shenk, and Hoffman 2005; Linehan 1993a
4   Fruzzetti and Iverson 2004; Linehan 1997
5   Iverson and Fruzzetti 2006; Shenk and Fruzzetti 2006
6   Fruzzetti and Iverson 2004; Fruzzetti, Shenk, and Hoffman 2005; Linehan 1997

여섯 번째 수업
1   Fruzzetti 1995, 1997; Fruzzetti and Iverson 2004, 2006; Linehan 1997

일곱 번째 수업
1   Fruzzetti 1997, 2002; Fruzzetti and Iverson 2006; Linehan 1993a

여덟 번째 수업
1   Barlow 1981; Haynes 1978; Linehan 1993a 예시 참조
2   Jacobson and Margolin 1979 예시 참조

3   Baumrind 1971 참조

아홉 번째 수업
1   Fruzzetti and Iverson 2004
2   Addis and Martell 2004

열 번째 수업
1   Addis and Martell 2004; Jacobson et al. 1996
2   Campbell and Fruzzetti 2006

참고문헌

Addis, M. E., and C. R. Martell. 2004. *Overcoming Depression One Step at a Time*. Oakland, CA: New Harbinger Publications.

Baer, R. A. 2003. Mindfulness training as a clinical intervention: A conceptual and empirical review. *Clinical Psychology: Science and Practice* 10:125-143.

Barlow, D. H., ed. 1981. *Behavioral Assessment of Adult Disorders*. New York: Guilford Press.

Baumrind, D. 1971. Current Patterns of parental authority. *Developmental Psychology Monograph, Part 2*, 4:1-103.

Bishop, S. R., M. Lau, S. Shapiro, L. Carlson, N. Ander son, J. Carmody, Z. Segal, S. Abbey, M. Speca, D. Velting, and G. Devins. 2004. Mindfulness: A proposed operational definition. *Clinical Psychology: Science and Practice* 11:230-241.

Brown, G. W., and T. O. Harris. 1978. *Social Origins of Depression: A Study of Psychiatric Disorder in Women*. New York: Free Press.

Brown, K. W., and R. M. Ryan. 2003. The benefits of being present: Mindfulness and its role in psychological well-being. *Journal of Personality and Social Psychology* 84:822-848.

Campbell, L., and A. E. Fruzzetti. 2006. Cohesion as ersatz intimacy. Unpublished manuscript.

Cummings, E. M., and P. T. Davies. 1994. *Children and Marital Conflict*. New York: Guilford Press.

Fruzzetti, A. E. 1995. The closeness-distance family interaction coding system: A functional approach to coding couple and family interactions.

Coding Manual, University of Nevada, Reno.

―――. 1996. Causes and consequences: Individual distress in the context of couple interactions. *Journal of Consulting and Clinical Psychology* 64:1192-1201.

―――. 1997. Dialectical behavior therapy skills for couples and families. Treatment Manual, University of Nevada, Reno.

―――. 2002. Dialectical behavior therapy for borderline personality and related disorders. In Cognitive Behavioral Approaches. Vol. 2 of *Comprehensive Handbook of Psychotherapy*, ed. T. Patterson, 215-240. New York: Wiley.

Fruzzetti, A. E., and A. R. Fruzzetti. 2003. Borderline personality disorder. In *Treating Difficult Couples: Helping Clients with Coexisting Mental and Relationship Disorders*, ed. D. K. Snyder and M. A. Whisman, 235-260. New York: Guilford Press.

Fruzzetti, A. E., P. D. Hoffman, and D. Santisteban. Forthcoming. Dialectical behavior therapy adaptations for families. In *Adaptations of Dialectical Behavior Therapy*, ed. L. Dimeff, K. Koerner, and M. Byars. New York: Guilford Press.

Fruzzetti, A. E., and K. M. Iverson. 2004. Mindfulness, acceptance, validation and "individual" psychopathology in couples. In *Mindfulness and Acceptance: Expanding the Cognitive-Behavioral Tradition*, ed. S. C. Hayes, V. M. Follette, and M. M. Linehan, 168-191. New York: Guilford Press.

―――. 2006. Intervening with couples and families to treat emotion dysregulation and psychopathology. In Emotion Regulation in Families: Pathways to *Dysfunction and Health*, ed. D. K. Snyder, J. Simpson, and J. Hughes. Washington, DC: American Psychological Association.

Fruzzetti, A. E., and N. S. Jacob son. 1990. Toward a behavioral conceptualization of adult intimacy: Implications for marital therapy. In *Emotions and the Family: For Better or for Worse*, ed. E. Blechman, 117-135. Hillsdale, NJ: Lawrence Erlbaum Associates.

Fruzzetti, A. E., and E. Mosco. 2006. Dialectical behavior therapy adapted for couples and families: A pilot group intervention for couples. Unpublished manuscript.

Fruzzetti, A. E., C. Shenk, and P. D. Hoffman. 2005. Family interaction and the development of borderline personality disorder: A transactional model. *Development and Psychopathology* 17:1007-1030.

Fruzzetti, A. E., C. Shenk, E. Mosco, and K. Lowry. 2003. Emotion regulation. In Cognitive Behavior Therapy: Applying Empirically Supported Techniques in Your Practice, ed. W. T. O'Donohue, J. E. Fisher, and S. C. Hayes, 152-159. New York: Wiley.

Fruzzetti, A. E., C. Shenk, E. Mosco, K. Lowry, and K. M. Iverson. 2006. Rating validating and invalidating behaviors in couples: Reliability and validity of new scales. Unpublished manuscript.

Gottman, J. M., and L. F. Katz. 1989. The effects of marital discord on young children's peer interaction and health. *Developmental Psychology* 25:373-381.

Greenberg, L. S., and S. M. John son. 1990. Emotional change processes in couples therapy. In *Emotions and the Family: For Better or for Worse*, ed. E. Blechman, 137-153. Hillsdale, NJ: Lawrence Erlbaum Associates.

Haynes, S. N. 1978. Principles of Behavioral Assessment. New York: Gardner Press.

Hoffman, P. D., A. E. Fruzzetti, E. Buteau, E. Neiditch, D. Penney, M. Bruce, F. Hellman, and E. Struening. 2005. Family connections: Effectiveness of a program for relatives of persons with borderline personality disorder. Family Process 44:217-225.

Hoffman, P. D., A. E. Fruzzetti, and C. R. Swenson. 1999. Dialectical behavior therapy: Family skills training. Family Process 38:399-414.

Iverson, K. M., and A. E. Fruzzetti. 2006. Validating and invalidating partner behaviors: Associations with distress and depression. Unpublished manuscript.

Jacobson, N. S., K. S. Dobson, A. E. Fruzzetti, K. B. Schmaling, and S. Salusky. 1991. Marital therapy as a treatment for depression. *Journal of Consulting and Clinical Psychology* 59:547-557.

Jacobson, N. S., K. S. Dobson, P. Truax, M. E. Addis, K. Koerner, J. K. Gollan, E. Gortner, and S. E. Prince. 1996. A component analysis of cognitive behavioral treatment for depression. *Journal of Consulting and Clinical Psychology* 64:295-304.

Jacobson, N. S., A. E. Fruzzetti, K. Dobson, M. A. Whisman, and H. Hops.

1993. Couple therapy as a treatment for depression: II. The effects of relationship quality and therapy on depressive relapse. *Journal of Consulting and Clinical Psychology* 61:516-519.

Jacobson, N. S., and G. Margolin. 1979. *Marital Therapy: Strategies Based on Social Learning and Behavior Exchange Principles*. New York: Brunner/Mazel.

Linehan, M. M. 1993a. *Cognitive-Behavioral Treatment of Borderline Personality Disorder*. New York: Guilford Press.

―――. 1993b. *Skills Training Manual for Treating Borderline Personality Disorder*. New York: Guilford Press.

―――. 1997. Validation and psychotherapy. In *Empathy and Psychotherapy: New Directions to Theory, Research, and Practice*, ed. A. Bohart and L. S. Greenberg, 353-392. Washington, DC: American Psychological Association.

Mandler, G. 1993. Thought, memory, and learning: Effects of emotional stress. In *Handbook of Stress: Theoretical and Clinical Aspects*. 2nd ed. Ed. L. Goldberger and S. Breznitz. New York: Free Press.

Nhât Hanh, T. 1975. *The Miracle of Mindfulness: A Manual on Meditation*. Boston: Beacon Press.

―――. 1987. Being Peace. Berkeley, CA: Parallax Press.

Shenk, C., and A. E. Fruzzetti. 2006. The impact of validating and invalidating behavior on emotional arousal. Unpublished manuscript.

Weiss, R. L., and R. E. Heyman. 1997. A clinical-research overview of couple interactions. In *Clinical Handbook of Marriage and Couples Intervention*, ed. W. K. Halford and H. J. Markman, 13-42. New York: Wiley.

Whisman, M. A., and L. A. Uebelacker. 2003. Comorbidity of relationship distress and mental and physical health problems. In *Treating Difficult Couples: Helping Clients with Coexisting Mental and Relationship Disorders*, ed. D. K. Snyder and M. A. Whisman, 3-26. New York: Guilford Press.

Yerkes, R. M., and J. D. Dodson. 1908. The relation of strength of stimulus to rapidity of habit formation. *Journal of Comparative Neurology and Psychology* 18:459-482.